生命，因阅读而美好！

森欣文化

窥破金瓶

——吴闲云新说金瓶梅

吴闲云◎著

民主与建设出版社

图书在版编目（CIP）数据

窥破金瓶 / 吴闲云著 . —北京 : 民主与建设出版社 , 2014.6

ISBN 978-7-5139-0354-7

Ⅰ . ①窥… Ⅱ . ①吴… Ⅲ . ①《金瓶梅》—小说研究Ⅳ . ① I207.419

中国版本图书馆 CIP 数据核字（2014）第 106288 号

出 版 人：李声笑
责任编辑：赵振兰
封面设计：仙境设计
出版发行：民主与建设出版社有限责任公司
电　　话：（010）59417747　59419778
社　　址：北京市海淀区西三环中路 10 号望海楼 E 座 7 层
邮　　编：100142
印　　刷：长沙鸿发印务实业有限公司
开　　本：787 毫米 ×1092 毫米　1/16
印　　张：19.25
字　　数：132 000
版　　次：2014 年 6 月第 1 版
印　　次：2018 年 7 月第 2 次印刷
书　　号：ISBN 978-7-5139-0354-7
定　　价：38.00 元

作者简介

吴闲云 男，湖北人。自幼酷爱传统文化，对古典文学、古代哲学、古代艺术均有广泛研究。

已出版作品，吴闲云评述明朝四大奇书系列：

《博弈三国》

《煮酒探西游》

《黑水浒》

《窥破金瓶》

作者博客地址： http://blog.sina.com.cn/wdsw888

内容简介

《金瓶梅》是一部关于“社会学”的百科全书。看《金瓶梅》能了解历史，《金瓶梅》貌似写宋朝，实际上说的是明朝的那些事儿。

一代伟人毛泽东曾经说过：“《金瓶梅》是《红楼梦》的祖宗，没有《金瓶梅》，就写不出《红楼梦》。”毛泽东甚至还热情地推荐给大家：“你们看过《金瓶梅》没有？我推荐你们看一看，这本书写了明朝的真正的历史。”

书中一号人物西门庆有钱有势，通过钱财，他可以欺色，可以升官，可以弄权，可以避祸。再加上他会做人，会送礼，会来事。所以，商场，官场，情场，场场得意。

作者在不经意间，通过西门庆这个角色活生生地描绘出了当时的“普遍社会风气”。明朝中叶，经济活跃，萌芽资本主义兴起，旧的道德、文化、伦理被无情的摧毁，新的又没有形成。淫风充斥整个社会。

物质丰富，精神空虚。这就是当时社会处于大转型时期的真实写照。

西门庆的发迹放纵，是晚明社会的一个缩影。思想解放，物欲横流，光怪陆离的男女众生相，简直就是当代社会的一面镜子，值得所有人照一照：看看自己是书中哪个角色？

引子

话说大明王朝，武宗继位以来，自觅淫乐，嬉游忘政，在西华门别构院落，造密室于两厢，称作“豹房”。众娼妇纷纷围绕他喝酒淫乱，皇帝大醉后宿其处，生活极其糜烂，荒淫无道，见个漂亮女人就想占有……实在像极了西门庆。

难怪有人说，西门庆的原型就是正德皇帝。

当时的社会，士大夫纵谈房中术司空见惯，官宦人家的年轻媳妇，也“春宫尤精绝”（徐树丕《识小录》）。自上而下，淫风充斥。

《金瓶梅》中祭太师的翟管家为西门庆洗尘，一餐筵席，大菜九十样，小菜几十样，都是“珍馐美味，燕窝鱼翅，绝好下饭”，铺张浪费，奢华如此。据说，同时代的张居正奉旨归葬时，“所过州邑，牙盘上食，水陆过百品，居正犹以为无下箸处”。后来得到真定太守的款待，才满意地说：“吾至此仅得一饱耳！”

《金瓶梅》中屡有“白米XX石”、“黄米XX石”字样，什么意思呢？乃官场暗语。当时，有个太监，权倾朝野，大臣多贿之。后来畏罪自杀，抄家时搜出一个纳贿薄，上面写着某某送黄米几百石，某某送白米几千石。皇上惊曰：“广食几何？乃受米如许？”左右曰：“隐语耳，黄者金，白者银也。”皇上大怒。腐败如此，整个官场俨然已经变成了“黄米”、“白米”交易所。

《金瓶梅》就产生在这样一个时代。读《金瓶梅》，你可以看到一部没有被篡改过的历史，可以看到正史中不曾记载的那些无数鲜活的细节。《金瓶梅》最直接、最真实地再现了那个时代……

前言《金瓶梅》姓“金”不姓“黄”

小说《金瓶梅》的创作，乃是取材于《水浒传》中的一个章节：从“武松打虎”的故事写起，一直写到“武松杀嫂”之后结束。

这一段，水浒中不过才三回多的故事，《金瓶梅》的作者居然将其扩充成了一百回，从而使之一经问世，就被冠以“古今天下第一奇书”的名号。

《金瓶梅》是一部关于“社会学”的百科全书。看《金瓶梅》能了解历史，《金瓶梅》貌似写宋朝，实际上说的是明朝的那些事儿。

《美国大百科全书》、前《苏联百科词典》、《法国大百科全书》都说《金瓶梅》是中国第一部现实主义小说。历史学家也认为《金瓶梅》是研究明代社会的一部百科全书。

一代伟人毛泽东同志曾先后多次评价过《金瓶梅》。他说：“《金瓶梅》是《红楼梦》的祖宗，没有《金瓶梅》就写不出《红楼梦》。”

“《水浒传》是反映当时政治情况的，《金瓶梅》是反映当时经济情况的。“我推荐你们看一看，这本书写了明朝的真正的历史……。”

《金瓶梅》是一部时代的“记录片”。她产生于明朝中叶的“萌芽资本主义”之时，当时世界上经济最为发达的“中国东南”之地。（与之相对应的欧洲，则是“文艺复兴”时期。）

正是在这种环境下产生的第一奇书，充满了彰显自我追求个性的张力，对传统封建道德束缚的质疑、挑战、甚至是公然践踏，比比皆是。

在这部“记录片”中，作者如实地、客观地记录下了那个时代的一些巷陌趣事，八卦新闻。描述的对象，完全是普通大众市井平民现实的日常生活。

市井平民的日常生活，吃穿住用行，无非就是与“钱”打交道，无非就是“一群人”与“钱”打交道。所以读《金瓶梅》，应该学会从经济学、从社会学的角度去读，方能领悟的更多。

但由于《金瓶梅》中夸张逼真变态的性描写，从而使她屡次成为当局者“扫黄打非”的对象，遭到被禁的厄运。

可是，《金瓶梅》毕竟是姓金的。一部百万字的长篇小说，其黄色描写不过才四千字而已，也并非完全一昧地色情低俗。那么，我们不禁要问，究竟是哪根神经刺痛了封建统治者呢?

原来，小说《金瓶梅》通过一系列的故事，说出了这样一个真相：一个底层市井小民，不用读书，也不用科考，也没一技之长，照样可以有“捷径”在最短的时间内，以最快的速度发财、升官!

捷径是什么?

下面，我们就先从西门庆说起吧。

目 录

引子

前言 《金瓶梅》姓“金”不姓“黄”

01 从西门庆说起

一提到西门庆，大家马上就会联想到《水浒传》里的那个恶棍、流氓的嘴脸。

《水浒传》说他原是个破落户财主，从小奸诈，后来暴发迹，有钱。但却没交代他是怎样“暴发迹”的。

再者，《水浒传》里的西门庆只是配角，以讲武松为主。而《金瓶梅》中，武松成了配角，西门庆才是地地道道的一号男主角。

因此，你不能把这两个西门庆混为一谈。

那么，《金瓶梅》中的西门庆，究竟又是个什么样的人呢？

《金瓶梅》一开头，是接着《水浒传》里“武松打虎”的故事续写的。当时武松打死了一只老虎，众猎户们抬着他游街，满街的人都赶来看打虎英雄，西门庆也赶来凑热闹，对英雄赞佩不已。

这个时候的西门庆，还没怎么发迹，也谈不上很有钱。书中对西门庆的家世有个简单交代：

1. 大宋徽宗政和年间，山东（省）——东平府（地区）——清河县（市）中，有一个风流子弟。

2. 这人复姓“西门”，单名一个“庆”字。

3. 西门庆的年龄，是二十六七岁，长得仪表堂堂，人才非凡，身高少说也有一米八，绝对是个大帅哥。原文上说他“生得状貌魁梧，性情潇洒”。不仅长得好，人缘更好。

4. 西门庆的父亲，叫西门达，是个走川广贩药材的生意人，在这清河县前开着一个生药铺，住着门面五间到底七进的房子。

5. 只为这西门达员外夫妇去世得早，单生这个儿子却又百般爱惜，听其所为，所以这人不甚读书，终日闲游浪荡。

按这些描述，结合上下文，我们可以大概知道：

二十七岁的西门庆，已经没有了爹妈，也没什么亲戚来往。他不是地主，也没有田地。仅仅只是个生意人，一个刚出道的小老板。他的父亲生前给他留下的家当，就是这五间门面的西门大药房。

西门大药房经营得还可以，书中写道：“虽算不得十分富贵，却也是清河县中一个殷实的人家。”

有多少钱呢？结合前后文给出的数据，再按我们现在的人民币来合，他们家里大概有个几十万，大几十万是有的，只在这个数上。但若要说过百万，那现在还没有。

中等偏上的家庭，算不得十分富有。

这药店每个月的收入，乃是正常收入。正常收入，就只能维持正常的运转。家庭开支，吃穿行用，各种消耗除外，也落不了几个，发不了大财。生意好的时候，手头上的活钱就会宽一些，生意不好的时候，手头上必然就紧。

西门庆家里还有些什么人呢？

他十几岁就结了婚，只生了个女儿，叫西门大姐，十二三岁了。

不久前，老婆死了，又新娶的后妻叫吴月娘，又娶了两个小的，二房李娇儿、三房卓丢儿。

至少这四个女人是不挣钱的，再加上家中其他的佣人、丫鬟，大大小小起码有十几张嘴，都是指望他吃饭的。

这么大一家人，只他一个人挣钱。他只靠这五间门面卖药挣钱，卖药挣的钱，只能维持这一大家人的正常开支。因此，西门庆手里其实并没有过多的余钱，你别看他在外面风光。

现在，我们再到西门大药房来看一看：

药店里的员工并不多，就只请了一个人，一个姓傅的伙计。

第九回中，傅伙计说："小人在他家，每月二两银子雇着，小人只开铺子……不敢说谎。"

傅伙计的工资，是一个月二两银子。

二两银子，综合参考古今各类物价换算，约合现在的人民币2000元钱。按我们现在内陆地区中等城市的收入状况来衡量，月收入二两银子（2000元人民币），是一种偏低的收入。

这个天天帮他守店子的主管，每个月才发2000元的工资，这可能会是以下两个原因：

要么是西门庆这人相当吝啬，故意克扣压榨虐待员工，要么是药店的生意其实并不很好。

无论是哪种情况，都可以说明"目下的西门庆，还不是什么富得流油的人。"真正有钱，也不至于那么小气抠门。

从他的店子、他的年龄这两个方面来看：西门庆只是一个正处在"创业期"的年轻商人。有一定的资产，就是活钱太少。

怎样才能赚得更多，赚得更快呢，西门庆成天就在琢磨这个事儿。

02 西门庆真的很好色吗？

西门庆给一般人留下的印象就是：沾花惹草，风流好色。见谁漂亮他就喜欢谁。身边个个都是美女。真的这样吗？

《金瓶梅》第一回说西门庆："自父母亡后，专一在外眠花宿柳，惹草招风。"

也就是说，西门庆以前还是比较规矩的，"在外眠花宿柳，惹草招风"是父母死了以后的事。另外，他的原配老婆和他生活了十几年，他也没娶过小老婆。

是在西门庆的爹、妈、老婆都死光了之后，他才一连又娶了3个太太，其中有2个还是妓女。

下面，我们就来看看西门庆新娶的这3个老婆：

1. 大老婆（妻）：吴月娘

首先，他"娶了本县清河左卫吴千户之女填房"。这个女人，吴月娘，只小西门庆两岁，嫁给西门庆时，竟然还是个黄花闺女。而西门庆的女儿都十几岁了，快要结婚了。

可见吴月娘长相不咋的。按书上的描述，她长着一张圆嘟嘟的大脸巴子，像个盆子。又大又白净，所以是“面如银盆”。眼睛呢？书上说“眼如杏子”。这……好看吧？

因为她是大户人家的女儿，估计也不至于太差，毕竟气质在那儿，再者性格又好。只是不能算作美女，长相一般吧。反正别的美女见到她的容貌后，没有醋意妒忌的。

娶吴局长的姑娘当老婆，高攀了，这个好理解。可他怎么又娶了李娇儿、卓丢儿这2个卑贱的妓女呢？

有的朋友要说了，这你就不懂了，古人娶妻看“德”，纳妾看“貌”，娶漂亮妓女为妾，很多啊，很正常啊。

但是，我要告诉你，就算以“貌”来论的话，他这两个妾的姿色，还未必比得过他的妻！你看——

2. 二老婆（妾）：李娇儿

李娇儿这个妓女，她肥肥的，矮墩墩的，身子很重，又能漂亮到哪呢？别人在荡秋千时，她就只能站一边看，根本不敢上，生怕压断了。又矮又肥两三百斤重的“美女”，总不至于貌若天仙吧。

那么，究竟为什么要娶她？这可是要“成本”的。

按支出的成本算：娶不如包，包不如偷，偷不如嫖。嫖，是最便宜的。

像李娇儿这样的，最多嫖个几次也就够了。用不着包，更用不着娶。娶一个女人放家里当老婆，那可是一个“长期成本”，意味着家里又添了一张嘴。一日三餐，你总不能让她饿着吧。

一没有感情、二没有姿色、三没有身份，那西门庆究竟为什么要娶她呢？我们顺着原文往下看，哦，原来是因为她的姐姐！

李娇儿的姐姐，亲姐姐，是本县无人不知的一位妈咪，她开的是本县最大的一家休闲娱乐城。唱的、洗的、吃的、喝的、玩的，服务一条龙，应有尽有，天天生意都是满的。

比起西门庆的药房来，那可强多了。西门庆娶个李娇儿，划算吧，尽管她胖得没个人型。

西门庆还在外面做兼职，放官吏债，暴利啊，这位有钱的姨姐子会不投资？

3. 三老婆（妾）：卓丢儿

卓丢儿这个妓女，估计要比李娇儿长得好看点，但瘦得要死。西门庆先“包了些时”，又“娶来家做了第三房”。这就是花了些本钱的。

卓丢儿是个“名妓”，名妓的收入肯定要比普通妓女高得多，（而清白良民人家的黄花闺女是不挣钱的，没收入。）卓丢儿自己手上就有一笔钱！西门庆娶她，赚了。

那么，西门庆喜不喜欢她呢？卓丢儿病秧秧的，“身子瘦怯，时常三病四痛”。病得要死了，西门庆也把她娶在家里。他自己该出去喝酒的，还是要出去喝酒。

他的大老婆吴月娘说，你屋里有个病人，你不知道啊，你搭了这起人又缠到哪里去了？好歹你也要看看她吧。

没过多久，卓丢儿就死了。西门庆后来基本上再也不提她，就当没这个人似的。

在一般人的想象中，西门庆是个好色之徒，哪有漂亮女子就往哪去，果真如此？你看看他这三房太太就知道了。

以西门庆的条件，要找个美女，绝对不难。但他却连娶了三个不中意的太太。可见，在西门庆的眼中，“色”排不上什么位置，他更看重的是“利”。钱，永远大于貌。

你若不信，我们再来看看西门庆对两个真正的美女是何态度：

吴闲云新说金瓶梅

1. 潘金莲

西门庆偶遇潘金莲。这个女人是《金瓶梅》中最美的一个。西门庆当时已经看呆了，但是，他没有娶她的意思。

西门庆和王婆子商量了那么久，商量的是什么计？“挨光计”。所谓挨光，就是偷情（晴）的意思。定位只是在“偷”上。

如果没被武大郎发现，就继续偷。西门庆只是想和潘金莲保持情人关系，天天搞婚外恋不是很好吗？没有“娶”的必要。

后来把武大郎害死了，潘金莲就天天盼着西门庆来娶她，西门庆呢？屁股一拍，玩失踪，再也不来了。为什么？因为西门庆仔细算了收益与支出后，没赚头呀，所以就没有娶潘金莲的这种预算。

那段时间，潘金莲几乎要疯了。

2. 李桂卿

西门庆的结拜兄弟，应老二等人，反复向他推荐最新发现的小美女李桂卿，一个刚出道的小妓女，和西门庆的姑娘差不多大，快要成人了，“出落的好不标致”、“生得十分颜色”。都劝西门庆快去包她。

西门庆是不是一听说有美色就动心了呢？根本就没有！这是先一年十月说的，到第二年的六月才和这位小美女偶遇。在长达8个多月的时间里，西门庆没有丝毫兴趣，提都不提，早就忘记了。

为什么？刚出道的小丫头又有什么钱！这明摆着是件纯消费的事，浪费啊。

西门庆是个商人，钱要投向最赚钱的地方。你以为他真的好色如命？

03 武大郎真的是穷鬼吗

武大郎给一般人的印象，就是一个穷鬼。他挑着一付担子，满大街上叫卖"炊饼！炊饼！"

尤其在电视剧中，武大郎更是以代表穷苦大众的身份出现的，衣衫褴褛的形象，总是一副可怜巴巴的样子。

事实上，武大郎不过就是长得矮罢了。矮和穷，是两个概念，本身并没有什么必然联系，如果硬要扯的话，矮子多半要比正常人更有财运。

武大郎就是属于财运较好的那种人。之所以把他当作穷鬼，那是因为我们习惯了用"阶级"去衡量他，以为他是穷人阶级，就必然会穷。

可你知不知道，在闹市区卖小吃的铺位一年能赚多少？谁说卖粑粑的就发不了财？！"武大郎烧饼"可是个品牌哩！

《金瓶梅》绝不是你想象中的农耕社会，而讲的是地地道道的商业社会。里面有穷人不假，但你也很难找出几个失业的人来，对吧？要知道，那可是当时整个地球上最最富裕的地区之一啊。

武大郎在这样的地方做买卖，还是挺有财运的。

我们来看武大郎捉奸之前的一段，一个卖梨子的小家伙，唤作郓哥，才十五六岁，想赚西门庆的钱没赚到，反转过来找武大郎说话。

武大郎请他到馆子里吃了一顿酒，打听到老婆有奸情。然后武大郎就身上掏出一叠钱，说："兄弟，我有两贯钱，我把你去，你到明日早早来巷口等我。"郓哥拿了钱和烧饼走了，武大郎又付了酒钱。

这一段至少可以说明2个问题：

1. 武大郎随身携带的钱，肯定不止两贯钱。只会大于两贯钱，因为是先给的郓哥，后付的酒钱。

2. 平时随身携带的钱，和愿意爽快地一次性支付的钱，又是两个概念。武大郎至少有自愿支付两贯钱"好处费"的能力。

那么，两贯钱是多少呢？

两贯钱是铜钱，或是相等的纸币（交子），换算成银钱，是二两银子。

两贯铜钱=二两银子=我们现在的2000元人民币。

当时，武大郎请这小猴子到馆子里吃了酒不算，又随手掏出2000元的大票子，作为"小费"给出："兄弟，这2000块钱，你先拿着花吧，明天等我。"

这个动作，足以说明武大郎的收入了吧。

这2000块钱，抵一个月的生活费，西门大药房的员工就是一个月发2000块钱的工资。这小猴子郓哥，还挣不到2000，一个月只在一千几百块钱左右。

他本来只想找西门庆赚个几十块钱的，（"赚三五十钱养活老爹"，合人民币30至50元），但现在武大郎爽快地一次性给了他2000元，他能不高兴吗？！

所以，拼了再挨一顿打，也要帮忙去捉奸！

你说，这武大郎能算穷吗？真的要穷，他舍得给2000元的小费呀？他还有钱供潘金莲住楼房？潘金莲那可是住的楼房啊。

武大郎原先是真的很穷。他为人懦弱，形象猥琐，头脸窄狭，皮肉粗糙，外号唤作“三寸丁谷树皮”。死了老婆之后，他带着12岁的女儿卖炊饼度日。租住的是本县首富张大户的房子。

张大户六十几岁了，家财万贯，房屋百间，只是没有儿女。家中有一个丫鬟叫作潘金莲，长得美貌，张大户一心想要收她为妾，但碍于他的老婆十分厉害，所以一直不能得手。

一日，主家婆不在，张大户暗把潘金莲唤至房中，遂收用了。

终于被张大户的老婆发现了，和张大户嚷骂了数日，又将潘金莲百般苦打。

张大户知道老婆容不下潘金莲，咋办呢？想了一个好点子，倒赔了房奁，把如花似玉的潘金莲免费嫁给了武大郎。

书上说：“这大户早晚还要看觑此女，因此不要武大一文钱，白白地嫁与他为妻。”

于是，武大郎白赚了一个美女和一大笔钱。张大户非常照顾他，连房钱也不问武大要了，若武大没本钱做炊饼，张大户就私给与他银两。

每天早上，武大挑担子出去了，张大户就来房中与潘金莲厮会。武大郎回来若撞见了，就知趣地走开，并不声言。朝来暮往，也有多时。

后来张大户死了，主家婆察知其事，怒将金莲、武大赶出。

武大几经辗转，搬到市中心来住。租住的是闹市区县衙门前两层四间带院落的楼房。这么好的地段，这么漂亮的房子，一个月的租金要花十数两银子，合人民币高达一万多！

你看，张大户没亏待他们两口子吧。

结论：若不娶潘金莲，武大郎肯定还是个穷鬼。

下面，比较一下武大郎与西门庆：

1. 都死了老婆，都有一个十二三岁的女儿。不同的是，一个最矮，一个最高。一个是卖粑粑的，一个是卖药的。

2. 武大郎与西门庆都是发的女人财，都从女人手里赚了不少好处。这一点，他们是一样的。不同的是，武大郎赚了一个美女，西门庆赚了几个丑女。

3. 武大郎与西门庆的起点不同。西门庆是有资产的，武大郎没有。但是只按百分比讲，武大郎赚的“收益率”比西门庆高多了。

所以，把个西门庆羡慕地直说：“好一块羊肉，怎生落在狗口里！”

现在，这《金瓶梅》中，一高一矮，两个大发女人财的男人，狭路相逢了。

04 王婆子的谈话技巧

话说西门庆看上了武大郎的老婆潘金莲，“临去也回头了七八回”，被对面卖茶的王婆子看在眼里记在心里。

西门庆来找王婆子打探，王婆子装着不知道：“西老板，吃个梅（媒）汤？”“西老板，吃个和合汤？”

句句点到为止，就是不说破。

吃了茶，也不收钱，只挂账，不怕他不来。

终于有一天，西门庆又来吃茶时递了一两银子（1000人民币）。婆子暗道：“来了！”

西门庆说：“干娘，你帮我说成这件事，我送你十两银子（10000人民币）。”

王婆就说，要想成，必须“五件”俱全才行。是哪五件？“潘驴邓小闲”：一要潘安的貌；二要驴大行货；三要邓通般有钱；四要青春年少；五要闲工夫磨。“都全了，此事便获得着。”

这一段，被公认为偷情追女孩子的经典秘诀。都说王婆子总结得到位，高！

但是，这是不完全正确的。因为这“五件”只起“优势”作用，并不起“决定”作用。

男追女，成不成，起决定作用的是女方干不干。只要女方愿意，男方即使五件不全，也必成！若女方不愿意，随你几件俱全，不成还是不成！

王婆子她会不知道这一点吗？！干吗要这样说？这样说的目的是：万一你没办成，不能怪我！怪你自己一贯小气不肯花钱，怪你自己没有时间慢慢闲磨。

王婆子也是个生意人，她当然要从自己的立场来考虑：成了赚大钱，不成赚小钱，反正自己是没有任何责任的。这样，万一收了人家的钱，事又没办成的话，起码也给自己留了一个退路。

但是，西门庆近来赚了，有钱有闲，所以就底气十足地说：“不瞒你说，这五件，我都有！”那么，按王婆子的标准，就一定能成了。

王婆子当然知道，这依然还是不一定的，因为决定权在女方，女方要是不干，那还是成不了的。所以，王婆子马上又顺口说出一个“十光”来。

光，就是挨光，偷情（晴）的意思。要想成，整个过程分为十个环节，任何一个环节出了问题，没办成，那你都不要怪我！不关我的事。继续推脱责任，继续寻找退路。

哪十个环节呢？王婆细细说道：

西老板，你买一匹蓝绸、一匹白绸、一匹白绢，十两好绵，都把与我。我去问她借日历，故意说选个好日子叫裁缝来做。她若有意主动说替我做，这个事便有一分希望了。她若不肯来，此事便休了。

我如果能把她请到我家里来替我缝，就有二分希望了。

到中午，我请她吃酒食点心。她若硬要回去，此事便休了。如果她吃了，就有三分希望了。

到第三天中午，你打扮好点来，在门前叫“买盏茶吃。”我就出来请你到房里坐。她要是站起来就走，难道我还扯住她不成？此事便休了。她若不动身，就有四分了。

坐下后，我先夸你许多好处，你便夸她针做得好。她若不答应，此事便休了；她若愿意和你说话，便有五分了。

你再拿银子叫我去买菜，她若是站起来就走了，难道我还拦住她不成？此事便休了。她若不动身，便有六分了。

我出门时叫她陪你坐一坐。她若站起来就走回家去，我总不能挡阻她吧？此事便休了。要是她不走，又好了，这光便有七分了。

我买来东西请她和你吃酒，她若不肯和你同桌吃，走了，此事便休了。要是她不走，此事又好了，有八分了。

等她吃得酒浓时，我就说没酒了，你就再拿银子叫我去买。我把门拽上，关你两个在屋里。她若跑了回家，此事便休了；她若由我拽上门，不焦躁时，这光便有九分，只欠一分了。

这一分最难。你在房里只能说着甜话儿哄她，千万不能急噪，动手动脚，否则我就不管你了。你先把筷子拂落桌下，然后去拾，顺手捏一捏她脚，她若闹将起来，我就来救你。此事便休了，你就断了念头，再也莫想成了。要是她不吱声，此事十分光了。

西门庆大喜道：“妙计！”

王婆道：“你不要忘了许我的十两银子。”

你看，这个“十光计”分明证明了王婆是深知“决定权在女方”的。其中，任何一个环节上，只要女方一有表现出不愿意，“此事便休了”，再不能勉强。

这个计，自始至终没有半点强迫的意思，更没说要在酒里下药。她只是在叫西门庆慢慢地试探，一步一步地试探，一直试探到女方愿意为止，事情就成了。如果女方不愿意，那就算了。

这不是什么毒计，也不是想故意存心害人，王婆子只是本着“自愿”的前提，想赚那10000块钱而已。

道德从来禁不住市场。因为先有了需求，然后才有了王婆子这个拉皮条的。从王婆子的谈话中分析她的策略：

1. 她们成了，就能赚到10000块钱，

2. 她们不成，那就只赚这1000块钱也好。

3. 不管怎样，但要保证不能出事。如果出了事，也不关我的事。

进退皆宜。这个策略，王婆子稳赚，并且不承担任何风险，也不至于落下什么把柄受制于人。那么，后来怎么又败露了呢？

05 奸情是如何败露的

《金瓶梅》中，作者说王婆子非常善于拉皮条，她的本事有多大呢？书上说她“略施奸计，使阿罗汉抱住比丘尼。才用机关，教李天王搂定鬼子母。”还能够调弄月宫里的嫦娥偷汉子。

现在，她接受了西门庆的委托，答应帮他与潘金莲牵线搭桥。西门庆许下她10000元人民币的报酬。

王婆子在“帮忙”的过程中，步步索要，层层盘剥，既赚西门庆的钱，又赚潘金莲的钱，总之是不放过任何一丝赚钱的机会，无论大钱小钱。

下面，我们就来看看王婆子的收益状况（都合为人民币）：

1. 先赚了1000元的茶钱，西门庆其实只喝了她几杯茶，多得叫她只管拿着，权当小费。

2. 又赚了一大堆好物：一匹蓝绸、一匹白绸、一匹白绢，十两好绵。（价格应该不便宜）这是给王婆做寿衣的。

3. 王婆子用潘金莲给的300元钱买酒食吃，少说可以落个百多元。

4. 西门庆来了，给了1000块钱叫王婆去买酒菜。

5. 西门庆第二次又给了3000元叫王婆去买酒。多得都叫王婆只管收下。

6. 事情办成了，西门庆一次性又给了王婆子10000块钱。

后来：

7. 武大郎死后，西门庆不理潘金莲了，潘金莲求王婆子帮忙，送了一根金头银簪子（估价两千元左右）。

8. 王婆帮西门庆应付武松，西门庆又给了她3000块钱。

王婆子赚了。

西门庆与潘金莲天天躲在王婆子家里幽会。不到半个月，满街的街坊邻舍都晓的了，只瞒着武大郎一个不知。

话分两头。且说本县有个小的，年方十五六岁，叫做郓哥。那小厮生得乖巧，在许多酒店里卖些水果，时常得西门庆照顾，打发他些盘缠小费。

话说这一天，郓哥又提了一篮儿雪梨来寻西门庆。

郓哥走到王婆子门口。那婆子问道："郓哥，你来这里做什么？"

郓哥道："要找西老板，赚几块钱，养活老爹。"

婆子拦住道："什么西老板？！"郓哥望里便走。

那婆子一把揪住道："你这小猴子，哪里去？人家屋里，各有内外。"郓哥道："我去房里便寻他出来。"

王婆骂道："含乌小囚儿！我屋里哪有什么西老板？"

郓哥道："干娘，你不要一个人吃独食嘛，也把些汁水与我呷一呷。"

婆子便骂道："你那小囚攮的，理会得甚么？"

郓哥也不客气道："我有甚么不理会得！你干的事，直要我说出来，只怕卖炊饼的哥哥发作！"

那婆子吃他这两句，心中大怒，喝道："含乌小猢狲，你敢来老娘屋里放屁！"

郓哥道："我是小猢狲，你是马伯六，你个做牵头的老狗肉！"

那婆子揪住郓哥，照脑门上就是两个栗暴，打了两个大包。

郓哥叫道："你凭什么打我？！"

婆子骂道："贼日娘的小猢狲！你敢高声叫唤，看老娘不打你几个大耳刮子！"直把郓哥打到街上去，又把他那雪梨篮儿也当街丢出去。那一篮雪梨，四分五落滚了开去。

这小猴子打不过那王婆子，一头骂，一头哭，满街上拾梨儿。指着王婆的茶坊骂道："老咬虫，我叫你不要慌！你看我不糟蹋了你的门面，叫你赚不成钱！"

于是，小猴子就找到了武大郎。奸情败露了。

这一场奸情，不到半个月，满街上的人都知道了，并没有任何一个人跑去对武大郎说。其实在当时，通奸是个普遍现象，并不是只有潘金莲一个淫妇，多得是。所以也没人愿意多管闲事。

小猴子郓哥也不是存心要多管这闲事，而是要和王婆子分一杯羹，"干娘不要独自吃，也把些汁水与我呷一呷。"

郓哥的要求不高，只想卖一篮梨子，赚点小钱而已。"赚三五十钱养活老爹"，合人民币才30元至50元。

就因为这几十块钱的小钱没有得到满足，所以，他就要把这件事捅出去，向武大郎通风报信。

奸情败露，实则是因这"几十块钱"而起。

王婆子的计划，原本其实是非常稳妥的，从头到尾，没有半点逼迫潘金莲的意思，本着“自愿”的原则，绝不勉强。

万一出了事，王婆子完全可以装着不知道：“我是请她来做衣服的，不是让她来偷男人的。”辩得通，不关王婆子的事。

事情已经成了，钱也赚到手了，这个时候，王婆子只剩下如何防范“风险”这一个问题了。这个风险，其实非常容易化解。

王婆子应该当机立断，再不要让他们两个到自己家里来了。这样，以后万一他们出了事，就已经和自己没啥关系了。

但是，王婆子依然把他们留在自己家里，还让他们互相交换信物，并且天天都要他们到自己家里来。

可以预期的收益和风险如下：

1. 收益基本上已经没有了。无非是多赚些“茶钱”，都是些小利。书上写的很清楚，王婆子此后并没有赚到西门庆什么钱了。

2. 风险随时可能爆发。只要西门庆、潘金莲天天到她家里来，那就必然是“总有一天会被逮住”！

只要把收益和风险一比较，王婆子就应该马上把他们赶走，叫他们另寻场所，一切就OK了。

太贪小利了。贪小利总是要坏大事的。

06 武大郎捉奸

西门庆请王婆帮忙，王婆有策略地选择“斗争”（勒索西门庆），西门庆选择了“合作”（给钱）。双方达成了一致。

王婆的钱已经赚到手了。到这一步时，她又存在两个选择：合作或是不合作。

1. 合作。

继续提供场地给他们幽会。可以预期的收益是：没有了，只有微薄的“茶钱”；可以预期的风险是：随时都有遭到捉奸的可能，从而连累自己当“坏人”。

2. 不合作。

叫他们另寻场所，别到我家里来了。风险为0，王婆可以继续当“好人”。收益则有两变：他们不来了，王婆收益为0。他们其实找不到场所，肯定还要来，王婆就可以两头赚；当西门庆想潘金莲的时候，就赚西门庆的钱；当潘金莲想找西门庆的时候，再赚潘金莲的钱。

（后面就有一个这样的例子：潘金莲想找西门庆时，求王婆子帮忙，送了一根价值两千左右的金头银簪子。）

这样一比较，王婆子真的要想赚大钱，只有选择不合作，才有条件敲诈出更多的钱来！！！

但是，这个贪图小利的婆子居然选择了合作，结果就是不仅没赚到钱，还遇到了郓哥的勒索。

当郓哥来勒索的时候，王婆子应该乘机演变为“不合作”方案，警告、敲诈西门庆，叫他再不要来了。岂不OK?

这样，既可以有效的防范风险（武大来时抓不着），又可以从中再次赚钱。但是王婆子并没告诉西门庆，结果就是不仅没赚到钱，还被武大郎捉奸在床！最终不得已而毒死了武大郎。

你看，害死了一条人命，闹出了天大的事来，王婆子一分钱也没赚到！（直到几个月后武松出现时，才赚了最后的一次钱。）武大郎的死，仅仅只起到了一个“掩盖真相”的作用，没有产生半点价值。也不想想，这样做究竟值不值得?

并且，害死了武大郎之后，西门庆就可以直接到潘金莲家里去了。王婆子的利用价值就没有了，她连微薄的“茶钱”也赚不到了。

从这里我们可以看出：

1. 只有武大郎的存在，王婆子的利润才会存在。

2. 武大郎一旦消失，则王婆子的利润也会随之消失。

既然这样，王婆子为什么还要选择武大郎死呢?

当时，武大郎冲进去捉奸的时候，西门庆已经被吓傻了。

你以为西门庆真的敢明目张胆地胡作非为啊，当他听到外面有人喊“武大来也——！”怕得要死，一翻身就钻到床底下，先躲起来了。

西门庆吓得气都不敢出。还是潘金莲跑下床把门顶住的！

潘金莲顶着房门，武大郎在外面推不开，口里只叫："干得好事！"

潘金莲慌做一团，便对西门庆说："你平常只是嘴上狠，卖弄杀好拳棒，关键时候就没一点用！见了纸虎儿也吓一交！"

那妇人这几句话，分明是叫西门庆来打武大，夺路走。

西门庆在床底下听了妇人这些话，提醒他这个念头，便钻出来，拔开门，叫声"不要来！"武大却待揪他，被西门庆早飞起脚来，武大矮小，正踢中心窝，扑地望后便倒了。

西门庆在打闹里逃走了。

那郓哥见势头不好，也撇了王婆，撒开跑了。

武大郎被打得口里吐血，面皮腊渣也似黄。

还是王婆子把他扶起来的，又叫潘金莲舀碗水来，帮他洗了，然后，王婆子和潘金莲两个，就像没事一般，搀扶着武大郎的肩膀，把他送回家中楼上去，又安排他床上睡了。

第二天，西门庆打听到没事，依旧来王婆子家和潘金莲幽会。

武大郎得不到药，得不到水，连他的女儿也受到潘金莲的恐吓，不敢来看一看。气的武大郎直发昏，睡了五天不能起床。他对潘金莲说：

"你做的勾当，我亲手捉着你奸，你倒挑拨奸夫踢了我心。至今求生不生，求死不死，你们却自去快活。我死自不妨，和你们争执不得了。我兄弟武二，你须知他性格，倘或早晚归来，他肯干休？你若肯可怜我，早早扶得我好了，他归来时，我都不提起。你若不看顾我时，待他归来，却和你们说话。"

武大已经妥协了，他的意思很明白：只要能活下来也就够了。但是，这番话到了潘金莲和西门庆耳朵里，他们却是另外一种考虑：

潘金莲如果选择合作（照顾武大），则武大有合作（隐瞒奸情）与不合作（告诉武松）两个选择。

如果武大选择合作，潘金莲最好的结果是不被追究责任。万一武大选择不合作，潘金莲西门庆就有可能倒大霉。

潘金莲如果选择不合作（武大死掉）。则武大没有了选择，根本就没机会告诉武松。潘金莲的奸情可以继续隐瞒，而好的结果则是与西门庆做长久夫妻。

很显然，武大如果没有武松这个打虎的捕头兄弟，他才有活下来的机会，他也不敢去捉奸。“武松”这个诱因，导致了武大有勇气捉奸。也迫使潘金莲选择了以干掉武大为最大收益。

而王婆子的最佳选择应该是放武大一马。

这样，武松与西门庆有一博，王婆子又可以两边赚钱。但是，王婆子根本就不敢再赚这个钱了，好吓人啊！所以她只是想尽可能的隐瞒住真相，以“不连累自己”为最佳选择。

在这种情况下，王婆子只好将错就错，拼了再不赚钱了，也要快快结果了武大，草草了事，以免引火烧身。

就这样，可怜的武大郎白白地死了。

在这个竞局中，武大郎注定很悲哀，他只有以不捉奸为最佳选择（在武松回来之前）。

07 武大郎死后的经济效益

小猴子郓哥先勒索王婆子未遂，反挨了婆子一顿揍，当时就放下一句狠话："定然要糟蹋了你这场门面，叫你赚不成钱！"

于是，当不了泼皮无赖，转身就去当揭发英雄。

郓哥找到武大郎，先讥讽一番：这几时不见，你吃的肥了，你象个鸭子一样，肥耷耷的，把你倒过来拧起，你不会犟，把你放锅里煮，你也不作声。你老婆……那西门庆须是了得，打你这样的二十个！

武大郎的弟弟武松，因打虎有功，受到县太爷（市长）提拔，做了巡捕的都头，这都头一职，换成现在，那也是公安局局长（当时出差去了，暂不在家）。所以，武大郎是不怕受人欺负的。

他老弟是公安局长，你一个卖药的西门庆算老几啊！所以，当时这武大郎经不住那小猴子一激，就要冲过去捉奸，结果却被西门庆一脚踢了个半死。

王婆子、潘金莲、西门庆三人都害怕武松回来找麻烦，干脆一不做二不休，毒死武大，毁尸灭迹。

武大郎一死，作者写道："阳间没了捉奸人"。

这三个人是在犯罪，武大郎死得很冤。

但《金瓶梅》是一部"记录片"，并没对此过多评论，只是如实地记录了全景过程。

当时，潘金莲号啕大哭，街坊邻居们都来劝她："死是死了，活的自要安稳过。"人已经死了，活着的还要继续过。活人们不会追究他是怎么死的。

紧接着，我们看到：卖棺材的、卖香烛纸钱的、验尸的、火化的、阴阳先生、念经做法事的和尚们，等等等等，总之，凡是与该项业务相关的各路人马们，都纷纷跑来赚死人钱了。

其中，那个验尸的，赚得最多。

验尸的那个人，名叫何九。

何九那天上午九点半钟的时候，慢慢地走来，半路上，西门庆叫住了他："老九，哪里去？"

何九说："卖炊饼的武大郎昨天死了，我过去验尸。"西门庆道："借一步说话。"那何九就跟着西门庆来到一个小酒店里坐下。

西门庆吩咐酒保："取瓶好酒来。"摆下好酒好菜。何九心想："西门庆从来没请我吃过酒，今天这杯酒必有蹊跷。"

两个饮够多时，西门庆摸出一锭雪花银子（合人民币10000元）："老九，你莫嫌少，明日另有酬谢。"

何九道："小人无半点效力之处，如何敢要西老板的银两！"

西门庆道："老九休要见外，请收下。"

何九道："西老板有什么差遣，便说不妨。"

西门庆道："也没什么事。等会你去武大郎家殓尸，周全周全。"何九道："我道何事！这些小事，有甚打紧，如何敢受西老板银两？"

西门庆道："你若不受，便是推却。"何九只得收了银子。又吃了几杯酒去了。西门庆交代道："老九是必记心，不可泄漏。改日另有补报。"

这西门庆只是塞钱给他，先用钱把他塞住，至于究竟该怎样具体去做，西门庆却不明说。何九一大早就这样不明不白地赚了一万块钱。

何九来了。大家都在门口等他。那王婆子等得心里发火："阴阳先生也来了半天了，老九，你怎么这时才来？"

阴阳先生、火化工人、念经的和尚们，都知道武大郎昨天死了，所以就都早早地来了，都等得有些着急了。

何九道："有些小事绊住了脚，来迟了一步。"又问："这武大郎是害什么病死的？"

几个火化工人都说："他家里人说，是害心疼病死的。"

只见潘金莲从里面假哭出来，虚掩着泪眼道："说不得的苦！我老公害心疼病，几个日子便把命丢了。撇得奴好苦！"

何九一见到潘金莲，就上上下下打量了这婆娘的模样，美女呀，美女。心里马上就明白过来了，暗想道：我说西门庆怎么要塞给我钱呢，一向听人说武大郎的老婆漂亮。西门庆这10000块钱使着了！

你看这个验尸的，他看了潘金莲的容貌，便认为西门庆这10000块花的值得。

阴阳先生念经念完了之后，何九走向灵前，看武大尸首，揭起千秋幡，扯开白绢，定睛看时，只见武大指甲青，唇口紫，面皮黄，眼突出，一看就知道是中巨毒而死的。

旁边两个火化工人也看到了："怎么脸也紫了，口唇上有牙痕，口中出血？"

何九道："你休得胡说！这两日天气十分炎热，如何不走动些！"一面七手八脚囫囵提殓了，装入棺材内，用长命钉钉了。

王婆拿出1000块钱叫何九打发几个火化工人，每人能赚个几百块。

来到城外化人场上，举火烧化棺材，不一时烧得干干净净，把骨灰全部都撒在了池子里。真的没了半点痕迹。

书上描写烧百日这一天，报恩寺的6个和尚过来做水陆法会，超度武大郎。他们很下力，很吃得苦，很早就来了，夜里3点钟不到，就派人挑了几担经书过来，铺陈道场，悬挂佛像，布置得像模像样。

不过，这些和尚们的水平，实在太差劲了，“大宋国”错念成了“大唐国”；“武大郎”又错念成了“武大娘”。佛号、经文都是瞎念的，反正你也听不懂。

但出场费并不低：6个和尚赚了5000元左右（数两银子）。

西门庆与潘金莲在房里享受，和尚们就在外面边念经边偷听，听到妙处，也都手之舞之，足之蹈之，笑成一块。

武大郎的丧事，从头到尾，都是西老板一个人拿钱办的。这一场丧事，办得也颇具些喜庆色彩。

原先，西门庆在王婆家茶房里，只是偷鸡摸狗之欢。现在，武大郎已经死了，西门庆就带着小厮直接进出，如无人一般。

潘金莲对西门庆说：“我的武大今日已死，我只靠着你做主！”

西门庆道：“这个，何须你费心。”

潘金莲问：“你若负了心，怎的说？”

西门庆当即发毒誓道：“我若负了心，就是武大一般！”

08 从《金瓶梅》看媒婆间的竞争

有人的地方，就有竞争。

从《金瓶梅》的前几回中，我们可以看出媒婆之间的竞争也是相当激烈的。

无媒不成婚。媒人，在中国的婚姻制度中占有相当重要的地位。

那么，媒婆的收入究竟怎样呢？我们可以根据其他同时代诸多小说故事（如《三言二拍》等）中的数据材料，估算成人民币：

那个时候，媒婆每说成一桩亲事，大概能赚1000元至5000元之间不等（2000元至3000元是常态），视家庭状况而有不同。

俗语曰："说好一门亲，能穿一身新"。按我们今天的标准来看，相当于买一套象样衣服的价格。

媒婆的单笔收入，显然还是比较可观的。但结婚的人并不是天天都有，甚至有的媒婆半年一年不开张也很正常。

因此，做媒婆的多数只是兼职做媒，并且，只要一打听到有谁要结婚，那就得赶快先下手为强，以免落入人后。否则的话，以后的生意那就根本没法做了。

《金瓶梅》前几回中，已经提到了三个媒婆。

最厉害的一个媒婆，就是设毒计毒死武大郎的那个王婆子。

王婆子的主业是卖茶。卖茶的生意如何呢？用她自己的话说，叫“鬼打更”。所以就同时兼职做说媒，又揽人家些衣服卖，又与人家当接生婆，闲常也会作牵头，拉皮条，也会针灸看病。

从做小生意的角度来看，王婆子其实很能干的。兼职了六七项，最拿手的，还是说媒、拉皮条。

西门庆的大老婆，娶的是吴局长的姑娘吴月娘，这门高攀的婚事，原先就是王婆子帮他说成的媒。按说，西门庆就应该多多照顾一下王婆子的生意。

可王婆子却说，西门庆从来都是悭吝小气惯了的。

王婆子问：“西老板，你最近怎么好长时间不来我这里吃茶了？”

西门庆就顺口说道：“这段时间太忙了，我的姑娘快要结婚了，忙啊，所以不得闲来。”

王婆子一听，不高兴了：“你的姑娘是谁家定了？你怎么不请我去说媒？”

西门庆说：“啊呀，也不是不请干娘说媒。我的姑娘要嫁到东京去了，是东京八十万禁军杨提督的　亲家（姓陈）的儿子。是他那边的文嫂过来和我们这边的薛嫂儿一起说的媒。”

文嫂是京城里的媒婆，和王婆子的冲突应该不大。薛嫂是本县的媒婆，是王婆子强有力的竞争对手。

王婆子当时听了，哈哈笑道：“西老板，我们这做媒人的，都是狗娘养下来的。”

西门庆说："干娘若肯去，到时候我叫人来请你，也算你一个。"

王婆子道："她们说亲的时候又没我的份，做成的熟饭儿，我怎好意思分她们的？到明日嫁娶的时候，你通知一声，我拿些人情钱去走走，讨得一张半张桌面，到是正经。我怎的好和人斗气！"

王婆子帮西门庆介绍潘金莲，花了一番心思的。先说好的价格是10000元，而实际上不止，大约赚了差不多有两万块！已经远远超出了同行业的平均利润。

这潘金莲的美貌自不必说，更难得的是从小在王招宣府里学习弹唱（高等培训），弹得一手好琵琶，本县没人强得过她。西门庆听她弹唱后，十分欢喜，夸奖无数。

西门庆和潘金莲好上了两个月左右，前前后后一共花了好几万块（主要是处理武大郎的后事，破了些财）激情就开始消退了，西门庆来得少了。

再说本县的另一个媒婆：薛嫂。

薛嫂是个卖花的，也和王婆一样，兼职做"媒婆"。

西门庆和吴月娘的婚事，是王婆做成的，薛嫂没有抢到。薛嫂当然也是有竞争意识的，所以她就把目标瞄准了西门庆的女儿，终于抢到了这笔生意，做成了。

西门庆女儿的婚嫁，王婆子没做成，甚至完全不知道，所以王婆很生气，后果很严重。她就极力撮合西门庆与潘金莲通奸，自己好从中渔利。这一笔做成了，王婆赚大了。

薛嫂呢？当然也不甘落后。暗暗地与头号媒婆王婆子较上了劲儿，她也帮西门庆物色了一个对象。

这一天，西门庆正在药房里和姓傅的伙计算帐，薛嫂找来了，把西门庆喊到外面僻静处说话。

西门庆问她有什么事。

薛嫂说："西老板，你的三太太（卓丢儿）不久前不是已经死了吗？我有一件亲事，专门过来对西老板说说，管情你老人家中意，就叫她来顶死了的三太太的窝儿，你看何如？"

西门庆问道："你且说说看，这件亲事是哪家的？"

薛嫂道："这位娘子，说起来你老人家也应该知道些，就是南门外贩布的杨老板的老婆。她手里有一分好钱。南京拔步床（名牌床，一张估价接近十万人民币）也有两张；四季衣服，插不下手去，也有四五只箱子；好三梭布也有三二百筒；金镯银钏不消说，她手里的现银子，也有上千两（合人民币100万元！）。不料，她的老公去贩布，死在了外边。她守寡了一年多，身边又没儿没女，只有个小叔子，她老公的弟弟杨宗保，才十岁。我说她这个年纪，青春年少的，守寡做什么！这位娘子，今年还不到二十五六岁，小你两三岁，生的长挑身材，一表人物，打扮起来就是个灯人儿，风流俊俏，百伶百俐，当家立纪、针指女工、双陆棋子，都不消说。不瞒西老板说，她娘家姓孟，排行三姐，就住在臭水巷。又会弹一手好琴，西老板，你若见了她呀，管情一箭就上垛！"

这薛嫂也是一张好嘴。

西门庆一听，听说那个女的会弹琴，就合上他的意了。还没见到人的面咧，马上就把这门亲事先定了下来，答应和她结婚，让她来当三太太。

当即就与薛嫂约好了，明天就是个黄道吉日，明天我们就买了礼物送过去。

潘金莲呢，天天坐在门口望，望啊望，望穿秋水，一望也不来，两望也不来，硬是望不见个西门庆的人影儿。

09 西门庆相亲

话说媒婆薛嫂帮西门庆介绍了一个姓孟的寡妇，西门庆还没见到那女的长什么样子呢，就满口把这门亲事答应了下来。

这书上说呀，西门庆之所以中意那孟寡妇，是因为她有艺术修养，会弹一手好琴。呵呵。

姓孟的寡妇，名叫孟玉楼，又称孟三姐。

她这一家子，自从她老公杨老板死了以后，就是她在当家。她的小叔子（老公的弟弟）才十岁，还不能管事。但是，在杨家的家族里面，还有两位上了年纪的长辈健在，可能会从中作梗。

一个是杨家的姑妈，一个是杨家的舅舅。

这两个老家伙，都盯着孟玉楼呢，因为孟玉楼手里有钱啊，她男人贩布赚了大钱，除去物资陈货，仅留下的现金就有1000000元的“人民币”（“手里的现银子也有上千两”）。

这，比西门庆强哪里去了，西门庆可拿不出多的现金来，甚至有的时候手头还比较紧。

现在，西门庆要想娶孟玉楼这个富婆，其实也没那么容易！因为杨家还有那两个老家伙觑着呢。

薛嫂就对西门庆出主意说："不打紧。她的姑妈守寡了三四十年，又无儿无女，行动也不方便，原先只指望靠着侄儿侄媳养活的，现在侄儿已经死了，侄媳妇要嫁什么样的人家，她管得了吗？西老板，你只在她身上下些功夫，她这婆子爱的是钱财，只指望要几两银子而已。你买上一担礼物，明天先去见见她，再许她几两银子，只要她答应了，旁人谁敢怎的！"

薛嫂这一席话，说的西门庆满心欢喜。

第二天，西门庆早早起床，全身上下，打扮得整整齐齐，拿了一段上好衣料，买了四盘羹果，装做一盒担，叫人抬了，来到杨姑妈家。

薛嫂介绍说："这位是西老板，要和大娘子说亲。我说大娘子家里是姑奶奶您最大，所以就先来拜见您老人家，讲了话，才敢过去相看。"

然后，薛嫂叫把盒担礼物统统都抬进屋里来，摆下。

这西门庆跟在后面，就马上一口一声地叫"姑妈"，就像是他的亲姑妈一样，只叫："姑妈，请受礼。"

薛嫂又煞有介事地隆重介绍说："咱这西老板呀，在我们县里，也是数一数二的财主，开个大生药铺，家中钱过北斗，米烂陈仓，就是没个当家的娘子。"

哼哼，西老板有她说的这么富吗。

杨姑妈正在发愁啊，侄儿死了，赡养也成问题了呀。现在，有人主动要当她的侄儿子，当然就是非常地满意罗！

所以，姑妈发话道："西老板，你要娶俺的侄儿媳妇，直接来讲就是了，又何必要破费买些礼物来。"

西门庆道："姑妈在上，小人没的礼物，一点心意，不成敬意，惶恐。"

那婆子就收了礼物，拿茶上来。

那婆子道："我侄儿在时，挣了一分钱财，不幸先死了，如今都落在她手里，说少也有一百万。你娶她，做大做小我不管，只要与我一个棺材本也就够了。以后，西老板你就认了俺这门穷亲戚走走，也过不穷你的。"

西门庆笑道："您老人家放心，小人都知道了。只要您老人家做得了主，休说一个棺材本，就是十个，小人也出得起。"

然后，西门庆拿出三万元，放在面前，说道："这个不当什么，先与您老人家买盏茶吃，到明日娶过门时，再给您七万块钱、两匹缎子。以后逢年过节，只管上门行走。"

这老虔婆见了钱，满面堆下笑来："西老板，你放心，你就说是我说的，我家侄媳妇，不嫁你这样的人家，再嫁甚样的人家！"

就像在谈一桩生意，特顺利，一谈就拢了。下了定金。

吃了两道茶，西门庆起身告辞。婆子挽留不住，拄着拐棍相送。送了两步，西门庆让她回去了。

第二天一大早，西门庆又早早起床，又打扮得整整齐齐，叫上两个小厮跟随。薛嫂儿骑着驴子随后，西门庆骑着白马在前，兴冲冲往杨家而来，和孟寡妇相亲。

进到屋里，薛嫂叫西门庆坐了，孟玉楼还没出来。薛嫂就说："你老人家先坐一坐，这大娘子呀，她还在里面化妆。"

孟玉楼出来了。所以，西门庆见到的，就是精心化妆后的她。

这西门庆睁眼观看，只见她——不肥不瘦，是个大个子身材，长相也还算可以，就是……不就是脸上有些麻点、雀斑嘛。

西门庆看得满心欢喜。

那孟玉楼也在偷眼观看西门庆，只见他——人物潇洒，风流倜傥。心下已是十分中意。就问薛嫂："西老板今年多大了？没了娘子多少时了？"

西门庆道："小人虚度二十八岁，不幸先妻没了一年有余。不敢请问，娘子青春多少？"

那妇人道："奴家是三十岁。"

西门庆其实只撒了个小谎，他的三太太死了才两个多月。（娶孟玉楼并不是去当大太太的。）

孟玉楼却是撒了个大谎！她已经快三十六岁的人了，她说她才三十岁。这年龄，怎么瞒也不敢瞒得比西门庆还小呀，否则就太假了！

而上次薛嫂为西门庆做介绍的时候，她居然敢这样说："这娘子今年不上二十五六岁。"

西门庆听她说是三十岁，便道："原来大我两岁。"

那薛嫂马上就又顺着话儿插口道："妻大两，黄金日日长！妻大三，黄金积如山！"

不过，西门庆好象并不在意她们虚瞒年龄的问题。

吃了茶，西门庆奉上锦帕二方、宝钗一对、金戒指六个。孟玉楼拜谢了。然后，两个人就开始商量结婚的日期。

这次相亲，尽管只是第一次见面，双方那可都是非常的满意啊。

西门庆说："今天是五月二十，那就二十四号过礼，六月二号结婚。"

很简单，很迅速。第一次见面就定了婚，两个星期内结婚。免得夜长梦多。

不多时，那杨姑妈也派人来催促她："姑奶奶说了，这样的人家不嫁，你还要嫁甚样的人家？"孟玉楼道："多谢姑妈挂心，婚期我们已经定下了。"

婚事双方的当事人，一边是满心欢喜，一边是十分中意。都要快点结婚。好事眼看就要成了，但是，杨家的舅舅忍不住了，他跳出来反对。

欲知后事如何？且听下回分解。

10 从《金瓶梅》看古代女性最想嫁给哪种男人

杨家的舅舅叫张四，想图留杨家的钱财。他就一心要把孟玉楼嫁给尚推官的儿子尚举人为继室。突然听说孟玉楼已经和西门庆定了婚，便寻思着如何把他们的婚事破坏掉。

张四老着脸皮跑过来对孟玉楼说：“你不该嫁给西门庆，还是依我的，嫁给尚举人好些。尚举人是诗礼人家，又有庄田地土，日子过得比那西门庆强多了。”

在古代“士农工商”四民中，读书的地位比种田的高，种田的地位比做工的高，做工的地位比经商的高。

因此，尚举人是一等人，家里又有庄园田产；而西门庆则是末等人，家中没有半亩田土，又不喜读书。

嫁给尚举人，应该强过那西门庆，这不假。

但孟玉楼就是不作声，不吭气。

张四又说："西门庆那厮坏得很，出了名的刁徒泼皮。你嫁给他有什么好处？"

孟玉楼还是一声不吭。

在张四眼里，西门庆不仅社会地位低下，而且人品又坏，简直就是一"人渣"。

但孟玉楼不想嫁给好男人，偏要嫁给坏男人，她就是"十分中意"这个坏男人。

张四又说："西门庆家里已经有个正头娘子，是吴局长的姑娘，你过去是做大，是做小？况且他家里还有三四个老婆。你到他家，人多口多，还有的惹气，够你受的哩！"

孟玉楼终于开口了，说道：

"自古船多不碍路。他家若有大娘子，我情愿让她做姐姐。就算房里人多，只要丈夫喜欢，多又何妨？丈夫若不喜欢，就只奴一个，也难过日子。再说，富贵人家哪个没有四五房老婆？你老人家就不要多虑了，我过去自有道理，不妨事。"

你看，"坏男人"的魅力，足以吸引异性为之排队。

张四又道："还有一件事你不知道，西门庆这人，最喜欢打老婆，又贩卖人口，稍不中意，就把你交给媒婆卖了。你受得了他这气么？"

孟玉楼道："四舅，你老人家差矣。男子汉虽利害，不打那勤谨省事之妻。我到他家，把得家定，里言不出，外言不入，他敢怎的奴？不妨事。"

张四又道："还有一件最要紧的事，此人行止欠端，专一在外眠花卧柳。你别看他风光，其实负债累累，欠了人家不少的钱，只怕嫁过去坑害了你。"

孟玉楼道："四舅，你老人家又差矣。他少年人，就在外边做些风流勾当，也很正常。奴妇人家，哪里管得许多？若说有钱没钱，也不妨事，哪个是长贫久富的？况姻缘皆是前生定，你老人家就不要这样费心了。"

嫁人就嫁西门庆，这孟玉楼已经铁了心。

张四见说不动她，好无颜面，吃了两盏清茶，起身去了。回家与老婆商量后，把外甥杨宗保（孟玉楼的小叔子）叫来，定要拦夺嫁妆，不许孟玉楼把钱带走。

到了娶亲的前一天，六月初一，西门庆安排了一帮人过来帮忙搬嫁妆。

这一帮人由媒婆薛嫂带队，正在搬抬床帐、嫁妆、箱子的时候，张四也约了一帮人，赶过来了。

张四拦住说："街坊邻居们听着：你老公和你小叔子都是我外甥。大外甥死了，小外甥才十岁，难道家当就没他的份儿？你把箱子打开，让大家看看，有东西没东西，大家见个明白。"

孟玉楼一听，大哭大闹起来："众位邻居们听着：你老人家差矣！我老公攒的一点钱，都花在这房子上了。房子我又没带走，都留给小叔子。外边还有几十万块钱的欠帐，我一分不要，文书合同已经都交给你了，我哪里还有什么钱来？"

张四道："你当着众位的面，打开箱子看一看。就是有，你还拿去，我又不要你的。"

正在这关键时刻，只见那个行动不怎么方便的老姑妈，拄着拐杖赶过来了。

那婆子叫道："列位高邻在上，我是她的亲姑妈，难道就没我说话的份？如今她手里没钱，就是有，也不关你的事。她一个少女嫩妇的，你拦着她，你想干什么？”

众街坊邻居们都高声叫道：“姑妈说得有理！”

张四把这婆子瞅了一眼，说道：“你这老咬虫，女生外向，怎一头放火，又一头放水？”

这婆子怒起，指着张四大骂：“张四，你算杨家那僚子㑚的？你这没廉耻的老狗骨头！她少女嫩妇的，你留他在屋里，有什么见不得人的企图？我看你不是贪色，就是想谋财！”

张四道：“你这嚼舌头的老淫妇，怪不得你无儿无女。”

老姑妈急了，破口大骂道：“张四，你个老猪狗，我无儿无女，强似你妈妈养和尚，㑚道士，你还在睡梦里。”

两个就要动手打起来了，多亏众邻居们劝住。

薛嫂见他两个骂做一团，赶快叫人七手八脚地将床帐、妆奁、箱笼，扛的扛，抬的抬，一阵风都搬去了。那张四气的眼睛大睁，半晌说不出话来。众邻舍见不是事，各人也都散了。

六月初二，西门庆来娶孟玉楼。

孟玉楼的小叔子杨宗保，骑着马送他嫂子成亲，西门庆答贺了杨宗保一匹锦缎、一柄玉绦儿。又给了杨姑妈七万块钱、两匹缎子。

并且，从此之后，两家都一直当亲戚走，来往不绝。

就这样，孟玉楼嫁给了西门庆这个“坏男人”。

在这之前，西门庆和孟玉楼总共就只见了一次面，这一次就够了，人家一眼就看上了他。

11 西门庆与潘金莲两种不同的结局

西门庆的三房太太是：吴月娘、李娇儿、卓丢儿。为什么要娶她们，前面已经分析过了。

卓丢儿死后，西门庆虽被潘金莲的美貌所吸引，但却没有娶她，而娶了孟玉楼为三太太。

孟玉楼嫁过来的时候，带来的嫁妆是：南京拨步床（名牌）两张、头面衣服、首饰、绢绸之类，约有二十余担，和一些神秘的箱子。箱子里的现金为1000000元的“人民币”。（现银子上千两）。

这些现银子惹得杨家舅舅张四要来拦劫，多亏了老姑妈赶来大骂了一架，才顺利搬了过来。

所以，最关键的人物还是那个老姑妈。

西门庆的所有投资，就在这个“老姑妈”身上，前期投入的成本为三万元，并许诺事成之后再给她七万元。

老姑妈为了得到这些钱，并能够和西门庆成为亲戚（指望养老），当时就满口答应了：“我破着老脸，和张四那老狗做臭毛鼠，替你两个硬张主。”否则，她什么也得不到。

西门庆的投资，前后共计为十万元，而在短短的两个星期之内，他得到的丰厚回报却是：现金一百万。

快速致富。这一笔，西门庆赚大了。掘到了他自出道以来人生中的“第一桶金”。

西门庆娶孟玉楼，是六月初二。

紧接着六月十二，西门庆嫁女儿。

他的女儿，名叫西门大姐，要嫁到京城去了。西门庆舍不得花钱，他就以“时间紧促”为由，把孟玉楼刚刚陪嫁过来的“南京描金彩漆拔步床”，拿给他女儿当嫁妆，陪送了过去，又省了一大笔。

你看这个西门庆，抠门吧。

然后，西门庆又娶了第四房太太。

这第四房太太，名叫孙雪娥。她原是西门庆元配陈氏的陪床丫头，管理着这一大家人的厨中上灶，各房伙食。本来就是自己家里人，所以就没花什么成本的，还给了她一个名分。

娶了三老婆、四老婆之后的一段时光，西门庆生意上的事较少，比较清闲，但他依然还是不去看一看潘金莲，也没有要娶潘金莲当老婆的意思。

书上写道：“那妇人（潘金莲）每日门儿倚遍，眼儿望穿。使王婆往他门首去寻，门首小厮知道是潘金莲使来的，多不理她。”

你看，西门庆明明知道是潘金莲使来的，就是故意不理。

当潘金莲知道他又连娶了两个老婆之后，就天天哭呀。又写了一封情书叫人递给他，希望能打动他，但西门庆还是不理。

书上写道：“那妇人每日长等短等，如石沉大海……挨一日似三秋，盼一夜如半夏，等得杳无音信。不觉银牙暗咬，星眼流波。”

总之，西门庆就是不来了。怎么也不来了。

话说这一天，那王婆子经过四处打听后，终于得知，西门庆在娱乐城玩了一通夜没回家，就马上过来寻他。

王婆子守在那个必经之处的巷子口，不怕他飞了。

西门庆玩好了，骑着马出来时，恰好老远就撞见了那婆子。

巷子口很窄。西门庆欲要打马转身，已经来不及了，怎么办呢？那就看见只当没看见，反正是喝醉了嘛。

当时，西门庆就骑在马上，醉眼摩娑的，前合后仰的，把眼睛眯着，假想着前面根本没人，就要强行穿了过去。

那婆子高声叫道："西老板！你少吃些儿酒怎的！"说着就向前一手把马嚼环扯住，不让他走了。

西门庆"醉醺醺"地问道："哟，你是……你是王干娘。"

西门庆还认得她是王干娘："想是阿莲叫你来寻我的？小厮已经都对我说了，我知道她在恼我哩，我如今就过去看她。"

到了潘金莲家里。

潘金莲听见他来了，就像天上掉下来的一般，连忙出房迎接："西老板，贵人稀见面！怎的把奴丢了，一向不来傍个影儿？你家中有新娘子陪伴，如胶似漆，哪里还想得起奴来！"

西门庆道："你休要听人家胡说，哪讨什么新娘子来！只因小女出嫁，忙了几日，不曾得闲工夫来看你。"

呵呵，你看这西门大官人，他明明娶了三太太孟玉楼，接着又娶了四太太孙雪娥，可他偏还要嘴硬。你听哪个说的？哪有这事？

潘金莲道："你还哄我哩！你若不是怜新弃旧，另有别人，你发个誓，我方信你。"

西门庆就又发誓道："我若负了你，生碗来个人疔疮，害三五年黄病，匾担大蛆叮口袋。"

三言两语，就又把潘金莲哄住了。

西门庆娶潘金莲，是没有赚头的，只会增加负担。而他前面娶的几个老婆，个个都是赚的，婚姻已经成为他投资获利的一个重要渠道。

按潘金莲的条件来看，虽然长得漂亮，但还达不到西门庆“婚姻投资”的标准。

那么，后来究竟又是什么原因导致西门庆娶了潘金莲呢？

书上写道：

王婆拿着武松寄来的信，说武松不久就要回来了。那西门庆不听万事皆休，听了此言，正是：分门八块顶梁骨，倾下半桶冰雪来。二人都慌了手脚。

怎么办呢？王婆出主意道：“趁武松还没回来，你一顶轿子把她娶了家去。等武二那厮回来，我自有话说。他敢怎的？自此你二人自在一生，岂不是妙！”西门庆便道：“干娘说的是。”

由此可见，西门庆娶潘金莲，不是为了增加收益，而是为了防范风险，免得武松回来后多事。

在《水浒传》里，西门庆没有娶潘金莲，导致的结果是：潘金莲经不起武松的恐吓，把西门庆供出来了，并写下了供词，留下了把柄，武松就以此为据，先杀了潘金莲，后杀了西门庆。

而在《金瓶梅》里，西门庆则把潘金莲偷偷娶回家去了，“住着深宅大院”，这样一来，证人就被西门庆藏匿起来了。导致的结果是：武松回来后，既找不到武大郎死亡的半点证据，又找不到潘金莲这个活证人。

那么，武松就没有办法报仇了，也没有机会去杀潘金莲了。

欲知后事如何？且听下回分解。

12 《金瓶梅》对武松作了哪些改写

将《水浒传》与《金瓶梅》相同的部分对照来看，基本上还是一致的。但是，《金瓶梅》的作者做了一些手脚之后，武松的英雄形象，就被彻底地改变了，变得“很二”。

话说武松出差回来之后，发现哥哥武大郎已经死了，就到县里向老太爷告状。老太爷不管，武松便开始实施“暴力犯罪”。

故事的过程是一样的，但原因却已经被改写得完全不同了！

在《水浒传》中，武松是找到了证据的。共有三方人：

1. 卖梨子的郓哥，只知道前半场的事，只能提供武大郎死亡前的少量线索。具体究竟怎么死的，他完全不知道。

2. 验尸的何九，保留了武大郎的几块黑骨头，可以证明武大是中巨毒而死；又保留了西门庆贿赂给他的银子，可以证明自己在验尸的过程中，曾经受到过西门庆的干扰与摆布。

3. 武松以此为据，强行控制了潘金莲与王婆子，迫使他们说出实情，并录了口供，画了押。可以证明武大郎是死于潘金莲、王婆子、西门庆这三个人的合伙谋杀。

如此，在《水浒传》中，就是证据确凿的。由于“官府不作为”，武松便采用暴力犯罪，怒杀西门庆，也就顺理成章了。

但是，这一段故事到了《金瓶梅》那里，就变成两个完全不同的版本了：

1. 武松自始至终只找到了一个证人，卖梨子的小混混郓哥。

这个证人，是相关人员中分量最轻的一个。因为郓哥可以证明西门庆与潘金莲通奸，可以证明西门庆照武大郎的心窝子踢了一脚。但他却证明不了武大郎究竟是怎么死的。因为他根本就不知道。

2. 关键证人何九失踪了。

《金瓶梅》中验尸的何九，在三天前听说武松要回来了，早就逃之夭夭，躲得不知去向。武松根本就寻不到他，他又怎么可能去为武松作证呢？

3. 王婆子这个关键性的证人，武松虽然找到了，可武松这个弱智竟然应付不了她。结果却被那婆子三言两句打发得无话可说。

话说这一天，那王婆子一听见武二回来了，生怕露了馅，就慌忙从隔壁走了过来。

武二唱个喏，问道：“我哥哥到哪里去了？”

婆子道：“二哥，你请坐，请坐，我慢慢告诉你……”

武二坐下了。那婆子接着说：“你的哥哥呀，自从你出差走了之后，到四月份的时候，他就得了个病，一病就病死了。”

武二问：“我哥哥四月几时死的？得什么病？吃谁的药来？”

王婆道：“你哥哥四月二十头，猛地就害起心疼病来，病了八九天，求神问卜，什么药不吃到？医治不好，死了。”

武二问："我哥哥从来就没有得过这样的病，如何心疼就死了？"

王婆道："武头儿，话不能像你这样说。天有不测风云，人有旦夕祸福。今天晚上脱了鞋袜，明天早上不知道还能不能穿。这不是很正常的嘛，哪个能保你常没事？"

武二问："我哥哥如今埋在哪里？"

王婆道："你哥哥呀，死的时候，家中一分钱也没有，哪里去寻什么坟地？只好抬出去火葬了。多亏了附近的一个财主，和你哥哥有过一面之交，还是他出钱赞助的一副棺材。"

按王婆子说的，武松还欠西门庆的人情。

武二又问道："如今，我嫂子往哪里去了？"

婆子道："她少女嫩妇的，又没钱过日子，就嫁到外地去了，很远，很远。只留下你哥哥的这个丫头，教我替他养活。专等你回来就交给你，也了我一场事。"

武二听言，沉吟了半晌。没话说了。

经过《金瓶梅》这样一处理，武松就被严重弱化了。

王婆子他架不住，潘金莲他寻不到，何九也寻不到，骨灰更是找不到半点，全部都泡在池子里。

没了半点证据。

仅有的一个证人，郓哥，他也证明不了武大郎究竟是怎么死的。那么，武松告到县里，臆说西门庆杀人，就真的很难说得通，老太爷当然就不会给他立案了。

县太爷说："武松呀，你也是个执法人员，你究竟懂不懂法啊，自古捉奸见双，杀人见伤。你那哥哥尸首又没了，又不曾捉得他奸。你如今只凭这小子几句话，就想告西门庆杀人？证据呢？"

证据当然是没有的。所以这武松“咬牙切齿，口中骂淫妇不绝”，怎的消得这口恶气？喝了点酒，便“要寻西门庆厮打”。

一冲动，就犯罪了。

在这种情况下，武松应该按《水浒》中的程序走，先找到何九再说（非常必要的一步棋），说不定一恐吓，何九就会配合他。

但是，《金瓶梅》中的武松，没有进行任何调查取证，在证据不足的情况下，仅仅凭着猜疑、假想，就直接、主动地选择了犯罪！要杀西门庆。这就和《水浒》中被动犯法的“悲剧英雄”不是一回事了。

因此，小说《金瓶梅》给武松的定位是：执法犯法+头脑简单 。

《金瓶梅》的作者，是不喜欢武松这种人的。从一开始就不喜欢，非常的轻视他。

看武松打虎后，得到的“赏钱”这一段：

《水浒传》写“知县就厅上赐了几杯酒，将出上户辏的赏赐钱一千贯，赏赐与武松。”

《金瓶梅》写“知县在厅上赐了三杯酒，将库中众土户出纳的赏钱五十两，赐与武松。”

两句话看上去都差不多的。这里面究竟有什么区别呢？那就是：价钱不同！

《水浒传》中的赏钱是“一千贯”，合人民币100万元。你看，这才是与打虎英雄相称的身价！

而《金瓶梅》的作者很歧视这个打虎英雄，他不改别的，偏偏把赏钱改成“五十两”，合人民币才5万块钱。

这个打虎英雄根本不值钱，也就一农民工的身价。和《水浒传》中的武松相比，根本就不是一个档次的人了。

13 执法者如何故意行凶犯法

武松愤愤地来到西门大药房，要找西门庆寻仇。

当时，西门庆不在，只有个打工的伙计在药房里，武松对待这个局外人的态度是：

1.《水浒传》说他：看着主管唱个喏："大官人宅上在么？"

2.《金瓶梅》说他：狠狠地走来问道："你大官人在宅上么？"

仅仅只改动了几个字，两个武松的性格、脾气已经大不相同了。很明显，《金》中的武松比《水》中的那个要坏些、凶狠些，不好惹的。

紧接着，武松为了诈出西门庆的下落，就把打工的这个伙计叫到外面僻静处恐吓：

1.《水浒传》描写：武松翻过脸来道："你要死却是要活？"

2.《金瓶梅》描写：武二翻过脸来，用手撮住他衣领，睁圆怪眼说道："你要死，却是要活？"

《水》中的武松描写得很平淡。《金》中得武松刻画的入木三分，“翻过脸来”、“揸住他衣领”、“睁圆怪眼”，凶狠的形象跃然纸上。

还有就是，在《水》中，多用“武松”这个名字，“武二”用的极少；而在《金》中，则以“武二”为主，极少用“武松”。

“二”这个字，什么意思？骂人的话，在方言俗语中，具有侮辱性。所以《金瓶梅》的作者老是叫他“武二”，就是说，这个人很二！

打工的伙计说，西门庆刚才和一个人到狮子街大酒店去了。武松马上就赶了过来。

这时，《水浒传》的结局大家都已经知道了：武松打死了西门庆。而《金瓶梅》则说，武松并没有打死西门庆。

在《金瓶梅》中，武松被描写成了一个故意行凶、伤害他人的犯罪分子，且头脑简单。

当时，西门庆正和李外传在狮子楼上吃酒。

这李外传是谁？是武松的同事。他和武松一样，都是县里的公务员，都在县里机关单位上班，都是执法人员。

书上写道：“原来那李外传专一在府县前绰揽些公事，往来通气赚些钱使。若有两家告状的，他便卖串儿；或是官吏打点，他便两下里打背。因此县中就起了他这个浑名，叫做李外传。”

那一天，李外传见知县老太爷回了武松的状子，不予立案，讨得这个消息后，便来回报西门庆知道。因此西门庆就以为没事了，便在狮子街大酒店请李外传喝酒，又送了他五两银子（人民币5000元）。

两个人正吃酒在热闹处，西门庆忽然把眼望楼下一看，只见武松似凶神恶煞一般，从桥下直奔酒楼而来。当时就心里一惊，知道此人来者不善，想走，却又来不及下楼了，便说：“我去去洗手间就来。”

就这样，西门庆绕到后面去躲着了。

那武二拨步撩衣，飞抢上楼去，却不见了西门庆。只见一个人坐在正面，两个唱的小姐坐在两边。

武松认得是李外传，就走到跟前，指着李外传的鼻子骂道：“你这厮，把西门庆藏在哪里去了？快说了，饶你一顿拳头！”

李外传看见武二上来，吓呆了，又见他恶狠狠地逼问，哪里还说得出话来！吓得气也不敢出。

武二见他不作声，越加恼怒，一脚就把桌子踢翻了，碟儿盏儿都打得粉碎。两个小姐吓得魂都没了。

李外传见势头不好，强挣起身来，就要往楼下跑。

武二一把扯回来道：“你这厮，问着不说，待要往那里去？且吃我一拳，看你说不说！”早飕的一拳，飞到李外传脸上。

李外传“啊呀”大叫一声！忍痛不过，只得说了：“西门庆刚才到后楼洗手间去了，不干我的事，你饶了我去罢！”

武二听了，就趁势儿用双手将他撮起来，隔着楼窗儿往外只一兜，说道：“你既要去，就饶你去罢！”扑通一声，从楼上扔了下来，倒撞跌落在街心里。

好狠！

武二随即赶到后楼来寻西门庆。此时西门庆听见武松在前楼行凶，吓得心胆都碎了，也不顾性命，从后楼窗一跳，跳到隔壁人家的后院里去了。

武二寻不见西门庆，以为李外传说谎，便转身奔下楼来，见李外传已跌个半死，直挺挺地躺在街心，还把眼睛乱翻。武松气不过，走上前去，照着他裆里，就是狠狠两脚！

李外传当场毕命，气断身亡。

你看，这个武松心够黑、手够毒的！光天化日之下，无缘无故地，就打死了一条人命。

此时哄动了狮子街，闹了清河县，街上议论的人，不计其数。不明真相的群众，都纷纷传言道“西门庆被武松打死了！西门庆被武松打死了！”

所以，施耐庵也道听途说，写了武松斗杀西门庆一回故事。其实不是的，武松杀错了人。不仅没能报仇，反而还要吃官司。

在《水浒传》里，描写的是：“英雄”与“恶霸”的较量，最终是“英雄”打死了“恶霸”。

而《金瓶梅》描写的则是：“官府恶霸”与“草根恶霸”的较量。

“草根恶霸”在犯罪的时候，他还知道是在犯罪，还知道需要掩盖。而“官府恶霸”的头脑就比较简单，胆敢在光天化日之下行凶犯罪，结果被当地群众一拥而上，押到衙门里去了。

欲知后事如何，却听下回分解。

14《金瓶梅》中的糊涂官判断糊涂案

糊涂官判断糊涂案的故事一再重演。

究其原因会发现：案子本身并不糊涂，官府更是不糊涂。原来糊涂的只是局外人。

我们来看《金瓶梅》中已经发生的两起命案。

第一起，是潘金莲、王婆子、西门庆三人谋杀武大郎一案。

该案除上述三人之外，再没第四个人知道。仅有郓哥、何九两个人有过怀疑。

“民不告，官不究”。因为该案没有人去报案，所以官府也就没有立案。

在没人报案的情况下，“发生命案”和“没发生命案”，其实是一回事，都是等于“没发生命案”的。

因为官府不知道呀，那就没必要多事。

后来武松报案了。县太爷又以“证据不足”为由，不予立案。

其实，县太爷可以把相关的人员找来调查。只是这样做比较麻烦，估计还是难有结果。该案中，“秉公执法”，对自己并不有利。

于是，县太爷就采用了“最简便”的方法。

县太爷采用简便方法的结果，导致武松行凶杀错了人。于是就产生了与此相关的第二起命案。

第二起，是武松行凶打死李外传一案。

武松打死了李外传之后，地方保甲将武松、酒店老板、唱歌的两个小姐都拴了，投县衙里来。武松也供认不讳，还说是“那厮晦气”，又说自己只是误伤。

这一次，老太爷秉公执法了。

因为现在“秉公执法”是最简便的方法了。如果徇私舞弊，袒护武松，就会非常麻烦，甚至有可能搞掉自己的乌纱帽。

老太爷翻了脸：“武松！你这厮昨日诬告他人，我已再三宽你，你如何不遵法度，今天又平白无故的打死人？”

武松争辩。老太爷脑了火，喝令左右加刑。两边三四个皂隶，把武松拖翻，雨点般打了二十。又拶了武松一拶子，又敲了五十杖子，取长枷带了，收在监内。

老太爷李知县根据“推理”，为武松判罪：

1. 东平府清河县，犯人武松，28岁，系阳谷县人氏。因有膂力，在本县做都头。

2. 因兄长死后，嫂嫂潘氏不等守孝期满，就擅自嫁与西门庆。武松便怀恨在心，寻至狮子桥大酒店，欲与西门庆厮打。

3. 酒楼上撞遇李外传。因酒醉，武松向受害人索讨以前借的300块钱，受害人不给，继而斗殴，相互不服，揪打踢撞，致使受害人李外传当场死亡。

4.判武松死刑。

这个“推理”，表面上看还是可以自圆其说的，尽管与真相相差太远。

老太爷为什么要这样推理呢？

因为武松行凶打死了人是事实，不容辩驳，估计武松难于翻案。就是错，也错不了多远。同时，他又可以放心地收下西门庆送来的钱。

既不会出事，又有纯利润，操作处理上又非常简单。否则的话，老太爷采用其他的判法，都将是自找麻烦。

老太爷在县里判了之后，就报到上级去批。一般情况下都是会批的。因为上级，同样也会遵循“在不出事的前提下，怎样简单就怎样处理”的老套路。

但是，上级东平府的府尹陈文昭，乃是个极清廉的官，书上说他“平生正直，秉性贤明。常怀忠孝之心，每发仁慈之政。黎民称颂满街衢；父老赞歌喧市井。贤良方正号青天，正直清廉民父母。”

府尹陈文昭觉得这个案子有蹊跷，就细问了武松，武松都细说了。

于是，这府尹就把押送武松的司吏叫来，痛打了二十板：“你回去问问你们县太爷，他那个知县还想不想做的？”然后，一纸文书发到清河县，要提西门庆，潘金莲、王婆、郓哥、何九等一干人来，重新再审。

早有人把这件事报到清河县。

西门庆知道了，慌了手脚。就派人到京城去央求他女儿的公爹陈宅帮忙找关系，陈宅就找他的亲家杨提督帮忙找关系，杨提督就找到了内阁蔡太师。

蔡太师写了一封信给东平府的府尹陈文昭，叫他算了，莫要伤了李知县的名节。

陈文昭是蔡太师的门生，又见杨提督乃是朝廷面前说得起话的官，怎么办呢?

本来是想“秉公执法”的，但现在不行了，一旦秉公执法，事态就会变得极其复杂。

于是，这个极清廉的官，最终也只好选择了采用“最简便的方法”来处理。

处理结果是：大事化小，两边妥协，我不追究你们的事，你们也不追究武松的事。

“只把武松免死，问了个脊杖四十，刺配二千里充军。况武大已死，尸伤无存，事涉疑似，勿论。”

就这样模模糊糊地结了案。

在该案中，李知县、陈府尹、蔡太师这三级，无论贪官清官，都有意无意地遵循了下面这个简单的“潜规则”（很难跳出这个怪圈）：

1. 怎样处理对官府自己最有利，就怎样处理。

2. 在自身利益不受损的前提下，怎样简单就怎样处理。

顺着这个思路，许许多多的“糊涂官判断糊涂案”，就都可以得到解释。

15 潘金莲的竞争手段

西门庆打听到武松发配充军坐牢去了，一块石头方落地，十分自在，合家欢喜，心中如去了痞一般。

俗话说“三个女人一台戏。”更何况西门庆已经娶了五个女人了。她们究竟会怎样折腾呢？下面，我们就再说说西门庆家里的这五个老婆。

潘金莲是最后嫁进来的，第一次和各位太太相见时：

（1）大太太吴月娘看潘金莲：

吴月娘上上下下仔仔细细打量着潘金莲，顿时被她的美貌与掩饰不住的风骚惊呆了，书上是这样写的：“从头看到脚，风流往下跑；从脚看到头，风流往上流。”

这般标致，十分风流。

吴月娘看了一回，口中不言，心内想道：“长这样漂亮啊，怪不得俺那强人爱她。”

（2）潘金莲看诸位太太：

潘金莲先与月娘磕了头，递了鞋脚，拜了她四拜。然后，李娇儿（三拜）、孟玉楼（两拜）、孙雪娥（一拜），都拜见完毕，叙了姊妹之礼。

从此，潘金莲就坐上了这第五把交椅。丫头们都叫她五娘。

这潘金莲坐在旁边，不转睛把众人偷看：

只见这吴月娘约有27岁左右，这个女人长着一张圆嘟嘟的大脸巴子，又大又白净，樱桃小口，眼如杏子，细细的眉眼，细挑的身材。她的话语不多，举止稳重。一派大家闺秀风范。

第二个李娇儿，矮墩墩的，肥肥一个，胖得不成个人型。看不出有啥魅力。虽是妓者出身，而风月多不及金莲也。

第三个就是新娶的孟玉楼，年纪三十大好几了，比大家都要大得多，比西门庆也要大上个好几岁，可以算“半老”了。她骨架大，个子高高的，长挑身材，瓜子脸儿，脸上有些特征：“稀稀多几点微麻。”

第四个孙雪娥，长相一般，又十分瘦小。估计体重还不到45千克。这和西门庆一米八好几的个头根本不匹配。

潘金莲看在眼里，记在心里。凭她的容貌，还是具有很强的竞争优势的。

下面，我们再来看看潘金莲的劣势。

在这五个女人之中，吴月娘是正房大太太，一家之主，就不用多说了。

李娇儿呢？她是会计兼出纳，书上写道：“看官听说：家中虽是吴月娘居大，常有疾病，不管家事。只是人情来往，出入银钱，都在李娇儿手里。”

孟玉楼虽是新来的，但她带来了100万元的现金，使得西门庆近来暴发迹。

孙雪娥是管食堂的，烧得一手好菜。“单管率领家人媳妇，在厨中上灶，打发各房饮食。譬如西门庆在哪房里宿歇，或吃酒，或吃饭，造甚汤水，俱经雪娥手中整理，那房里丫头自往厨下去拿。此不必说。”

而潘金莲是最后来的，她一没带来什么本钱（比不上孟玉楼），二没有什么专业技能（比不上孙雪娥），三没有什么管理水平（比不上李娇儿）。

这样一分析，潘金莲其实已经是一无是处了。

潘金莲的实际地位，是最低最低的，仅仅只略高于一个丫鬟。

在这样一个环境中，潘金莲只是一个多余的消耗品。她既担心别人欺压她，更担心西门庆随时会变心，扫地出门赶她滚蛋。

因此，潘金莲的危机感一定是最强的。因为潘金莲以前在张大户家里时，是早就吃过了大老婆的亏的，知道大老婆的狠气。

怎么办呢?

书上说这潘金莲“第一好品箫”，“二人女貌郎才，正在妙年之际，凡事如胶似漆，百依百随，淫欲之事，无日无之。”牢牢地捕获住西门庆。

但再怎么说，西门庆也总不至于天天都被潘金莲一个人霸着不放吧。

潘金莲看出了西门庆的心思，知道他早就对家中的一个叫春梅的丫头垂涎已久，只是碍于大老婆的面子，迟迟不能上手。于是，潘金莲权衡之后，竟然主动提出：要帮西门庆得逞，如他所愿。

春梅十几岁了，和西门庆的女儿差不多大。她原先是大太太吴月娘房里的丫头（换算成现代应该是相当于保姆的角色），西门庆一直没机会。

潘金莲就对西门庆出主意说："明日我到后边去坐一回，把房间腾出来你用，把春梅叫来，你就上她。"

这一招果然十分厉害！西门庆听了，不知道有多高兴，欢喜道："我的儿，你会这般解趣！"

到第二天，潘金莲果然往孟玉楼房中坐了。西门庆就把春梅叫到房中，收用了这妮子。

春梅从此也得到了潘金莲的抬举，又仗着西门庆的势，她这个小保姆居然连四太太都敢欺负了。

以后，凡是西门庆要和丫头春梅通奸偷情，就由潘金莲提供场所，并负责掩护。

有的读者有些疑惑，不明白西门庆既然买了两个丫头是给潘金莲的，为什么不送到潘金莲房里去呢？反而大费周折地把大太太房里的春梅叫到潘金莲房里，再把新买来的小玉补到吴月娘房里呢？

原因就在这里。

潘金莲这个五房的太太，既当老婆，又拉皮条。她以两个美色的成本，俘获住一个男人的心。坐稳了这第五把交椅，很容易就在众妻妾的竞争中占尽了优势。

最有意见的，就是那个肥肥了。因为西门庆虽然把她娶在家里当二太太，但从这之后，西门庆就再也没有碰过她了。

那么，肥肥二太太又会采用什么手段反击潘金莲呢？

欲知后事如何，且听下回分解。

16 从《金瓶梅》看妓女的收入状况

“妓女”这个词，起初本意是指歌舞表演中的女演员、女艺人。并不是指性工作者。后来才逐渐演变为那个意思的。

这个词，和“小姐”有异曲同工之妙。小姐，原来也不是指卖淫的，现在却叫作“小姐”。

古代当妓女的，一般文化修养都比较高（受过专业培训的），良家妇女当然就竞争不过。古人不是说过“女子无才便是德”嘛。愚昧无知的方有德，方是良民。有才的则是妓女。

妓女行业也随着市场的竞争而分化，一部分卖艺的，走上层路线讲品位；一部分卖肉的，走基层路线讲效率。

结果，卖艺的敌不过卖肉的。再后来，进入妓女这个行业的门槛就越来越低，只要是个女的，就行。

在《金瓶梅》中，商人比文人有钱，爆发户商人找妓女可没文人那么多讲究，不看品位只看脸。所以长相越好的妓女，收入就越高。

话说有一天，西门庆的结拜兄弟花子虚请客。

花子虚就住在西门庆家的隔壁。众兄弟们都到齐了，西门庆坐了首席。席前还请了两个女歌手来弹唱。

少顷，酒过三巡，歌吟两套，两位歌手放下乐器后，西门庆从口袋里取了两封赏赐，每人二钱，拜谢了下去。

“少顷”，说明时间很短，估计用不了一个小时；

“二钱银子”，合人民币200元钱。

从这一点来看，民间歌手的收入也不算低。这当然要视生意的多少而定了。不过，从以下的三点来看：民间歌手的利润其实很薄。

1. 在《金瓶梅》中，从事“唱的”这一行业的人特别多，那么，竞争必然就激烈。

2. 在这一行业中，95%的职业歌手，弹唱水平其实都大不如潘金莲。而潘金莲还并不是从业人员。可见大多数都比较拙劣，滥竽充数的多。

3. 酒席上叫“唱的”来助兴，并不是必须的，属于额外消费。因此，可以点也可以不点。西门庆结拜十兄弟的时候，是个大事，兄弟们问他要不要叫几个“唱的”来？他就说不要。

歌手如果只卖唱，那收入就是有数的几个了。如果是卖身，收入才高。

当时，西门庆在酒席上看那两个女歌手，其中有个年龄小的，才十二三岁，出落得非常标致，西门庆就来了兴致，动了心思，怎么才能把这个小美女搞到手呢？

于是，西门庆就拐弯抹角地向众兄弟们打听她是谁，姓什么。

这小美人胚子究竟是谁呢？一打听，巧得很，原来不是别人，竟是他二老婆李娇儿的侄姑娘（姨姐的女儿），名叫李桂姐。

李桂姐这次卖唱，只挣了200块钱。

既然是西门庆姨姐的女儿，西门庆怎么不认识呢？

这也是有原因的："女大十八变"，几年不见，刚长成人，就大变样了。但这得有个前提：西门庆很长时间没去过她们家了。

西门庆的姨姐，是开妓院的。因为后来大病了一场，病成啥样了呢？"至今腿脚半边通动不的，只扶着人走"。呀呀，都病成这个样子了，谁还敢来呀，总不能空着两个手来吧。

估计是这个原因，西门庆就一直没来了。西门庆一向是小气抠门惯了的。

现在，西门庆已经知道了，这个小美女是他姨姐子的女儿，也可以说是西门庆的侄姑娘，还上不上呢？还上。

酒席一散，西门庆就说要送她回家，又喊了一乘轿子，叫了几个兄弟，一起都到妓院里来了。

姨姐老板娘问他："姐夫贵人，哪阵风儿刮得你到这里？"

西门庆笑道："一向穷冗，没曾来得，老妈休怪。"

西门庆的来意，又怎么瞒得了他姨姐老板娘的一双眼睛！书上写道："那院中婆娘见识精明，早已看破了八九分。"

看破了怎么办呢？那就想办法赚钱呗。

妓女这个行业，是认钱不认人的。所以，她们是没有什么伦理道德观念的。

姨姐老板娘对妹夫西门庆说："我家桂姐从小儿养得娇，自来生得腼腆，不肯对人胡乱便唱。"

什么意思呢？不能随便胡乱唱的，就是要钱。

西门庆就拿出五两银子（合人民币5000元）放在桌上。

这只是见面礼。第二天，西门庆又叫小厮回家拿了五十两银子来，又段铺内讨了四件衣裳，就"梳拢"了李桂姐。《金瓶梅》这第十一回的题目就叫“西门庆梳笼李桂姐”。

那么，“梳拢”这个词，又是什么意思呢?

凡在妓院里从事性工作的人员，发型是“梳髻”的，而没有接过客的处女，则是“梳辫子”的。都给她们一一做了记号的，都是有明显特征的。

当处女初次接客之后，发型就要改变，开始“梳髻”。所以，初次接客，就叫做“梳拢”。

西门庆给李桂姐的“梳拢费”，按现在的说法，就是“破处费”。破一个处，至少得“五十两银子”。

西门庆家里娶了那么多二手老婆，肥的、瘦的、麻的，都不如意，现在手上又有钱了，花点钱，破个处女，还是个非常漂亮的处女，划算。

所以，这一次，西老板他大方了。总费用为：

5000元的见面礼+50000元的破处费+四套衣裳+铺的盖的床上用品都是西门庆出。

加起来大概花了有七八万吧。而当时普通用工的基本工资是每月2000元左右，西门庆这次嫖处女花的钱，比官府出榜奖励打虎英雄的五万块钱还要高。

西门庆贪恋李桂姐姿色，一直玩了半多个月，都没有回过家。每天都是大酒大肉，快活玩耍，不在话下。

先嫖后包。从这以后，李桂姐就被西门庆包了，只接待西门庆一个人。包，是按月算的，无论西门庆来不来，每个月都是要按时按价付给她20000块钱的（二十两银子）。

17 揭秘：西门庆控制女人的手段

《金瓶梅》第一回说西门庆“学得些好拳棒”，但看完之后也没发现他打过几个人。这一点和《水浒传》不同，《水浒》里的人物，基本上多是一言不合即拳脚相向，动不动就打出了人命。

西门庆根本不是这种人。

他不打架。他在外面混，总是一团和气的面容，很少与人动手。他是不会把自己打扮成一个恶人的。

西门庆曾经打过一次架，就是打武大郎那回，只踢了他一脚，转身就飞跑了。

当时，武大郎来捉奸，西门庆已经被吓傻了。他的第一反应是钻到床底下躲起来，吓得气都不敢出。在潘金莲的挑唆下，他才飞起一脚，踢翻了武大，夺路而走。

是因为非常关键的一个时刻，马上就要被捉奸在床了，所以才和人打了一架。

窥破金瓶

我们再来看那个企图勒索钱财坏了好事的郓哥。水果贩子郓哥，他既帮武大去捉奸，又帮武松去告状，处处都与西门庆作对，应该算是结了仇吧。

但是，在《金瓶梅》中，西门庆根本就没有打他。打他有什么意思。

西门庆好像只打过这一次架，就武大郎这一回。一般不打架，这是对待外人。

但是，有一回，在很短的时间内，西门庆却把自己家里的人连续打了三个！

第一个，打的是四老婆：孙雪娥。

第二个，打的是贴心秘书，天天跟班跑腿的小厮：玳安。

第三个，打的是刚娶进门不久的五老婆：潘金莲。

这三个人究竟为什么会挨打呢？我们不妨试分析之：

（一）孙雪娥

四太太孙雪娥是管食堂的。一天，早饭弄迟了，丫头春梅去催，两人发生了口角。

西门庆走到后边厨房，不由分说，上去就是几脚，踢得孙雪娥不敢吱声。西门庆骂道："你怎么要骂她？你骂她是奴才，你怎么不溺泡尿把你自己照照！"

踢完后，西门庆转身走了。

孙雪娥对旁人说："你看，我今天晦气！我又没说什么。……"咕叨了几句。

不料，西门庆没走，转身回来，上去又是几拳，骂道："贼奴才淫妇！你还说不欺负她，亲耳朵听见你还骂她！"

打的孙雪娥疼痛难忍，气得在厨房里两泪悲流，放声大哭。

这是早上的事。下午西门庆回来，潘金莲在房里哭，原因是和孙雪娥吵了一架。

这西门庆不听便罢，听了时，三尸神暴跳，五脏气冲天。一阵风走到后边，揪住孙雪娥的头发来，尽力拿短棍打了几下。骂道：“好贼歪剌骨，我亲自听见你在厨房里骂，你还搅缠别人。我不把你下截打下来也不算。”

为什么西门庆要凶巴巴的打孙雪娥？用意究竟何在呢？果真只是为了一顿早餐？

细细寻找原因，西门庆在发怒之前，潘金莲和春梅两个是这样对他挑拨的：“我说别要使他去，人自恁和他合气。说俺娘儿两个霸拦你在这屋里，只当吃人骂将来。”

孙雪娥说，潘金莲、春梅这两个家伙天天把西门庆霸拦在屋里。

这才是根本原因。

我天天在哪儿，你不要不服气。所以打孙雪娥，同时也是杀鸡骇猴，警告所有的人：

不要干涉我的私生活！谁干涉，就打谁！

潘金莲非常高兴，以为是在替她出气。殊不知，西门庆转身就到外面包情人（李桂姐）去了，他可以在外面玩半个月不回来。结果就是，大家谁都不敢出声。

（二）玳安

到了七月，西门庆快要过生日了，还不回去。他花了大几万啊，不舍得走啊。大太太吴月娘叫玳安牵着马去接他回来。潘金莲就暗暗写了封情书叫玳安转交，劝他早些回家。

玳安此时的身份，就代表着吴月娘（另加潘金莲），到李家妓院来接西门庆。

西门庆当众把玳安踢了两脚。说道：“吩咐带马回去，家中哪个淫妇使你来的？我这一到家，都打个臭死！”玳安只得含泪回家。

打玳安，就相当于打吴月娘。“家中哪个淫妇使你来的？”既指潘金莲，也骂吴月娘。哪个都不许管我的。从此，再没人敢出头了。

书上写三太太孟玉楼曾经问过这样一句话：“你踢将小厮便罢了，如何连俺们都骂将来？”

她不知道，西门庆打小厮是假，威吓这些娘们才是真。

（三）潘金莲

西门庆是七月二十八的过生，他一直玩到七月二十七的晚上才回去（在妓院前后住了近两个月）。你看他会玩吧。

一到家，二太太、四太太就向他告状：“你不在的时候呀，潘金莲就和家里的一个小厮通奸。”

西门庆一听大怒，叫潘金莲把衣服脱光了跪在那里，拿起鞭子就抽。

被打的这三个人，分别是在西门庆包情人前、包情人中、包情人后。这样一看，用意就很清楚了：一不许干涉我的私生活，二不许你们越轨。

要是从来不敢打老婆，可以肯定地说，你管不了她的。

西门庆就会打，又疼又打。在一般情况下，他从不打老婆，并且还对她们一贯性地很温柔。但只要抓住了机会，有理由打的时候，就狠打，边打边骂，大嚷大叫，故意弥漫恐怖气氛。

都治得老老实实伏伏帖帖的。

18 从《金瓶梅》看古代术士如何谋生

古有“不为将相，则为医卜”之说。本事大的，若不在朝廷出将入相，则在民间行医卖卜。

早期的医生和占卜者是不分家的，既能为人治病，也可以为人算卦。

从事这个行当，不仅需要极高的学识与见识，更要具有过人的先天禀赋。水平高的足以名动君王，即使拙劣的也可以养家糊口。所以滥竽充数的也就多了。

做为一个行业，自然也和其他的行业一样，有卖精品的，有卖水货的，什么样的货，就卖给什么样的人。

在小说《金瓶梅》中，恰好就有一个医生和一个卜者，是两口子，在第十二回出场了。

话说西门庆在外面包情人的时候，两个月没回过家，潘金莲就奈不住寂寞和家里的一个小厮通奸。西门庆回来后大发雷霆，叫潘金莲把衣服脱光了跪着，拿鞭子抽她。

就这还没完呢。不一日，西门庆醉醺醺地回来了，坐在床上，叫潘金莲帮他脱靴，脱了靴之后，西门庆又叫她褪了衣服，地下跪着。

潘金莲吓得捏两把汗，又不知因为什么，跪在地下柔声痛哭："我的爹爹！你透与奴个伶俐说话，奴死也甘心。奴终日提心吊胆，陪着一千个小心，还投不着你意，只拿钝刀子锯我，教奴怎生吃受？"

西门庆骂道："贱淫妇，你真个不脱衣裳？"叫道："与我拿马鞭子来！"潘金莲吓坏了，西门庆呵呵笑道："我不打你。你上来，我问你要样东西，你给不给我？"

金莲问他要什么，西门庆说："我要你头上一柳儿头发。"

潘金莲就分开头发，西门庆拿起剪刀，按住她头顶，齐臻臻剪下一大柳来。

潘金莲倒在西门庆怀中，娇声哭道："奴凡事依你，只愿你休忘了心肠，随你前边和人好，只休抛闪了奴家！"

潘金莲算是被西门庆折磨怕了。心中不快，茶饭慵餐，病了。这个时候，来了一位医生为她瞧病。

这个医生姓刘，刘婆子，医术不咋的，只会使些土方子，又会看阴气。她见潘金莲的病情并不重，就说："娘子，你着了些暗气，恼在心中，不能回转，头疼恶心，饮食不进。"

然后，刘婆子就打开药包，拿出两服黑糊糊的药丸子，叫她晚上用姜汤吃。很快，看病就结束了。算一下出诊费加医药费，一共折合人民币为300元（三钱药钱）。医生的收入不算低。

接着，刘婆子刘医生说："我明天叫我老公来，替你看看今年的流年运程，有灾没灾。"拉生意拉得很自然。

金莲道："原来你老公会算命？"刘婆道："他虽是个盲人，到有三椿本事：一善阴阳算命，二会针灸收疮，第三椿儿不可说，——单管与人家回背。"拉了生意之后，紧接着先卖个关子。

金莲问道："怎么是回背？"

刘婆子道："比如父子不和，兄弟不睦，大妻小妻争斗，俺老公画些符水与他吃了，不消三日，教他父子亲热，兄弟和睦，妻妾不争。又如买卖不顺，田宅不旺，俺老公禳星告斗都会。曾有一家人，新娶的媳妇是小户人家女儿，手脚有些不稳，常偷婆家东西往娘家去，丈夫经常打她。俺老公为她画了一道符，烧灰放在水缸下埋着，全家吃了缸内水，媳妇偷盗，只像没看见一般。又放一件镇物在枕头内，他男人睡了那枕头，手就被封住了似的，再不打他了。"

这一番话，讲得绘声绘色，直说到潘金莲心眼里去了，具有强烈的暗示作用，驱使着潘金莲"快快选择消费"！宁可信其有。

潘金莲就拿剪子又剪了五钱银子，放在等子上秤了，送给刘婆买纸，约好了，明天早上请她老公来烧神纸。

这一次，刘婆子看病挣了300块钱，又顺手为老公拉了个生意，赚了500块钱，合计800元。

第二天，一大清早，那刘婆子领着瞎子老公来了。

潘金莲就报了她的八字，瞎子捏了捏手，说道："娘子庚辰年，庚寅月，乙亥日，己丑时。依子平正论，娘子这八字，虽故清奇，一生不得夫星济，子上有些防碍。乙木身旺，不克当自焚。又两重庚金，羊刃大重，夫星难为，克过两个才好。"

说了一通的术语，最后落到实处的，只有一句话：老公要克过两个才好。

那么，他算得究竟准不准呢？反正潘金莲认为是准的。客户说准，那就是准。

那潘金莲连忙说道："已经克过了。"

确实克过了。先克死了前夫张大户，又克死了后夫武大郎。

但是，这个盲人的算命水平，实在是太差了。

因为在古代历法中，庚辰年是不可能有庚寅月的，乙亥日也不可能会有已丑时。这是基础性的常识问题。他把四柱排错了两柱，就凭着这个错八字给潘金莲算命，却依然还要强调：他的是"正论"。

反正潘金莲也不懂。

那瞎子又接着继续说道："娘子这命中，为人聪明机变，得人之宠。只有一件，休怪小人说，今岁流年不顺，灾殃立至。命中又犯小耗勾绞，主有比肩不和，小人嘴舌，常沾些啾唧不宁之状。"

潘金莲听了，就连忙说："麻烦先生与我回背回背，化解一番。我这里一两银子相谢先生，买一盏茶吃。我不求别的，只愿小人离退，老公爱我就行了。"

然后又拔了两件首饰递与瞎子。瞎子收入袖中，很神秘地说道："用柳木一块，刻两个男女人形，写上娘子与老公的生辰八字，用七七四十九根红线扎在一处。用红纱一片，蒙在男子眼中，使他见你似西施娇艳；用艾塞其心，使他心爱到你；用针钉其手，随你怎的不是，使他再不动手打你；下面再用胶粘其足，使他再不到外面胡搞。你把这个暗暗埋在枕头内。我再用朱砂画一道符烧灰，你暗搅于茶内给你老公吃。他若吃了这茶，睡了这枕头，不过三日，自然有验。"

潘金莲是被打怕了的，当时听了，满心欢喜。备了香烛纸马都烧了。次日，刘婆送来符水镇物，如法安顿，将符烧灰，顿下好茶，单等西门庆一回来，就马上递给他吃了。

前面我们已经说过，西门庆一般是不打老婆的，只在恰当的时候。

所以，这结果呢，还真的十分灵验，书上写道："到晚夕，与他共枕同床，过了一日两，两日三，似水如鱼，欢会异常。"从这以后，也再没见西门庆打过她了。

这个盲人的算命技术已经知道了，十分的低劣。但他的法术很玄很神秘，其中究竟有多高的含金量，实在是不好评价呀。不过，有一点可以肯定的是：他会挣钱到是真的。

你别看他是个盲人，昨天先赚了500元，今天又赚了1000元，外加两件首饰，合计2000—3000块！这已经步入高收入人群了。

19 西门庆欺骗女性的伎俩

古人云：妻不如妾，妾不如妓，妓不如偷。

西门庆有妻，有妾，又包了个妓。但是，说实话，花钱买春包个妓，根本就没啥技术含量。若有本事吃白食，不花钱又上良家妇女，那才是高手。

西门庆想到了李瓶儿。

李瓶儿是西门庆结拜兄弟花子虚的老婆，就住在自家隔壁。她一向是大门不出，二门不迈，平时就是看到一眼也难，从来没和她说过一句话。和她之间，究竟有戏没戏呢……

再说，那可是兄弟的老婆呀！

呀，西门庆也顾不得许多了。

首先得“巧遇”。巧遇，是N种方法中最好的、最自然的相识方式了。

可是，没有机会巧遇怎么办？那也好办，就制造机会巧遇呗。

话说有一天，花子虚下帖子请西门庆到外面去吃酒。花子虚包养的一个妓女（吴银儿）过生日，所以他就叫西门庆来喊他一起出去。

西门庆就打选衣帽，穿戴整齐，叫了两个跟随，骑一匹骏马，先迳到花家来了。

恰巧，花子虚此时不在家，他的老婆李瓶儿，就站在二门里台基上。台基，就是高出地面的建筑物底座。

当时是夏月天气，有些炎热，李瓶儿穿着一件薄薄的“藕丝对衿衫”，下面是“白纱挑线镶边裙”。

“衫”，古代指无袖头的开衩上衣。（比如汗衫、衬衫，都是无袖或短袖的。）李瓶儿的穿着，一贯都是非常讲究、非常时髦、非常高档的。换成现在的标准来看，应该相当于是吊带。

女人混得好，身上就穿得少嘛。

西门庆看见只当没看见，迳直大步走了过去。书上写道“那西门庆三不知走进门，两下撞了个满怀。”

你看，巧不巧？

人家那么大个人，又站在最明显的空间处，他就这样面对面望人家身上一撞，撞个满怀。你说他是有意的呢，还是无意的呢？你不知道，反正他没看见嘛，很正常啊。

这一撞，准撞出故事来。

紧接着，西门庆就很自然地、很有涵养地“忙向前深深作揖”。

“深深作揖”，这是西门庆习惯性的招牌动作。

怎么叫作揖呢？“古所谓揖，但举手而已。”也就是说，只举手，不鞠躬。但是，西门庆在遇到女性时，都是“深深作揖”。又举手，又鞠躬。

我们再来看第二回，西门庆初遇潘金莲时，被竿子打了头，西门庆不仅没发怒，反而还行了个大礼：“那人（西门庆）一面把手整头巾，一面把腰曲着地还喏道：‘不妨，娘子请方便’。”

“把腰曲着地”，这一揖够深的。可见，“深深作揖”是西门庆早已养成的良好习惯，总是能给对方留下良好的印象。这在男尊女卑的时代，可并不多见咧。

现在，西门庆和李瓶儿先撞了个满怀，再深深作揖。那么，李瓶儿呢，没招，她也只好回礼，“还了万福，转身入后边去了。”使出一个丫鬟来，叫给西老板上茶。

撞个满怀，只一瞬间的事。但书上把西门庆的感受描写得很清楚：“这西门庆留心已久，虽故庄上见了一面，不曾细玩。今日对面见了，见她生的甚是白净，五短身材，瓜子面儿，细湾湾两道眉儿，不觉魂飞天外。”

正在幻想间，花子虚回来了，和西门庆一同出去吃酒，直吃到天黑。这西门庆留心，故意把花子虚灌得酩酊大醉。

然后，西门庆就把花子虚搀扶着送他回家。这样，就又制造出了一个和李瓶儿近距离接触的正当理由。

李瓶儿出来拜谢西门庆，说道：“拙夫不才贪酒，多累看奴薄面，姑待来家，官人休要笑话。”

那西门庆忙屈身还喏（依然很有礼貌），说道：“不敢。嫂子这里吩咐，在下敢不铭心刻骨！若让嫂子担心，显的在下干事不力了。方才被那些人缠住，是我强着催哥起身。走到乐星堂门口郑爱香（名妓，小名叫做郑观音）家，哥就要往她家去，被我再三拦住，劝他说道：‘恐怕家中嫂子放心不下。’方才来家。若到郑家，便是一夜不归了。嫂子在上，不该我说，哥也糊涂，嫂子又青年，偌大家室，如何就丢了，成夜不在家？是何道理！”

这一番话，说得冠冕堂皇，正气凛然。

装正经，很好很强大。名声再差也要装正经，总不能一见面就像个色狼似的，那还混个屁呀。

事实上，西门庆在和女性交往中，一直都是“谦谦君子”的形象。

再后面几天，西门庆叫结拜兄弟应老二、谢老三等一伙人，天天都把花子虚缠在妓院里喝酒，不放他回来。这样，机会就更多了。

李瓶儿一着急，就老是会叫丫鬟过来请西门庆问讯。

西门庆就会很正派地说，我，其实很少去那种地方，若是我在那里，哪有不催促哥早早回家的？相交朋友做什么？哥什么都好，就是这一件事不好。

李瓶儿真的要感慨啊，怎么人家的老公就那么好呢，自己的老公咋就不知道珍惜呢，有人家西门庆一半好就不错了。

又过了几天之后，李瓶儿对花子虚说：“你在外边贪酒恋色，多亏了隔壁的西大哥，你买份礼儿谢谢他，方不失了人情。”

花子虚就连忙买了四盒礼物，一坛酒，叫小厮送过去。

这些礼物，西门庆都一一收下了，他大老婆吴月娘感到很奇怪，就问他：“花家怎么无缘无故的送礼过来？”

西门庆解释道：“花二哥前几天在妓院里喝醉了，是我搀扶着他回的家。他天天在妓院里鬼混，我劝他休过夜，早早回家。他老婆因此感谢我，所以就买了这些礼物来谢我！”

吴月娘听了，眼睛瞪得大大的：“我的哥哥，你还是先把你自己管好罢，你还泥佛劝土佛！在外面养女调妇，成天不落屋，还反劝人家汉子！”

20 揭秘：西门庆追女必成的绝招

西门庆认识李瓶儿的时候，还是夏天，两个多月后的重阳节这一天，西门庆就终于“偷”上了。

偷情比嫖娼刺激多了。嫖很低级，“有钱便流，无钱不流”，没啥技术含量。偷则不同，多少还是要讲些感情基础的。

西门庆偷情成功之后，李瓶儿又送了两根金簪（皇宫御用品，价格不菲），替西门庆带在头上，并交代他说：“千万别让我老公看到了。”

西门庆这回是一分钱没花，既赚了人，又赚了钱。

那么，西门庆这个谦谦君子大色狼，究竟凭什么可以白上人家老婆？他到底有何妙招呢？其实只有一招，既简单又重要的一招。

前面说过，男追女，成不成的决定权在女方。（反之亦然。）

西门庆从头到尾只做一件事，就是在反复地试探对方、表现自我的过程中，“获得女方的愿意”。只要女方愿意了，那就必成。

她若不愿意，此事便休了，难道我还扯住她不成？

这一招，是花了万把块钱在王婆子那里学到的。

但最难的是，哪个女性会傻到对你直接了当地表态呢？基本上是不会发生这种奇迹的。愿不愿意，只在她的心里，你又咋能知道呢。

不过，好在女性虽不会对你直接表态，但却都是极懂得怎样暗示的。

一个暗示也就够了，因为西门庆是一个很善于破译这些“暗示”密码的行家。他在一步步试探的过程中，特别留心对方是否会做出暧昧的暗示。

话说当时西门庆和李瓶儿迎面撞了个满怀。李瓶儿转身到后边去了，说老公马上回来，请稍等。然后说了这样一句话：

“今日他请大官人往那边吃酒去，好歹看奴之面，劝他早些回家。两个小厮又都跟去了，止是这两个丫鬟和奴，家中无人。”

这一番话，看似平淡。一般人可能听不出什么来，但西门庆却嗅出了话中之音：李瓶儿根本没必要对他说出家中的细节，但她却把老公、小厮、丫鬟的行踪都对西门庆说了清清楚楚，最后强调“家中无人”。

一个女人对一个男人说，我家里没人。多么强烈的暗示！

西门庆是什么人？书上说：“这西门庆是头上打一下脚底板响的人，积年风月中走，什么事儿不知道？今日妇人明明开了一条大路，叫他入港，岂不省腔！”

发展的过程就是：李瓶儿又多次对他暗示，反复抱怨老公天天在外面鬼混。再后来就是眉目传情，“两个眼意心期，已在不言之表”。再后来，西门庆去解手时，李瓶儿竟跟来偷看，两人又撞了个满怀。

李瓶儿的暗示在逐步的升级，可西门庆却一直无动于衷了。这是为什么呀？因为现在，已经变成李瓶儿追求西门庆了。成不成在于西门庆愿不愿意，这叫欲擒故纵。

最后，一天晚上，李瓶儿出钱叫她老公到外面去吃酒，她就把西门庆叫过来，两个人躲在她房里吃酒。“两个于是并肩叠股，交杯换盏，饮酒做一处。”

现在明白了，西门庆的绝招其实很简单，就是俘获自愿的女人。读懂她们的暗示，或诱导她们做出暗示。只要人家愿意了，他甚至可以设计让人家自己送货上门。

就这一招，攻无不克，战无不胜。

在《金瓶梅》中，和西门庆有关系的数十个女子都是自愿的，他从来没强迫过谁。而另有两个被惊为天人的美女，西门庆却始终上不了，到他死也没成过，为什么？因为人家不愿意。不愿意，绝招就失灵了。

可见，也并不是西门庆真的有多么厉害。一个巴掌也拍不响啊。

从这之后，只要李瓶儿的老公不在家，她就叫丫鬟拿梯子爬上墙头，或学猫叫，或以咳嗽为号，或是扔一块瓦片。

这边，西门庆就掇过一张桌凳来踏着，暗暗翻过墙去厮会。第二天早上，再照前越墙而过，回到家中。

两个约定暗号，隔墙酬和，窃玉偷香，根本不从大门里行走，神不知，鬼不觉的，街房邻舍又怎的会晓得？

却说有一天早上，西门庆扒墙回来，走到潘金莲房里。

金莲还未起床：“你昨日也不知又往哪里去了一夜？也不对奴说一声儿。”西门庆就顺口撒了个谎，金莲虽然信了，却有几分疑影在心。

又一日晚上，西门庆回来后，饭也不吃，茶也不吃，只往前边花园里走。这潘金莲贼留心，暗暗跟着他看。天哪！只见隔壁那个丫头，在墙头上只打了个照面，转眼间，这西门庆就踏着梯凳爬过墙去了。

这潘金莲回到房中，翻来复去，通一夜不曾睡着。

天还没亮，西门庆就又翻墙回来了，潘金莲睡在床上不理他。

那西门庆先带几分愧色，挨近她坐下。

金莲跳起来坐着，一手揪住他耳朵，骂道："好负心的贼！你昨天哪里去了？把老娘气了一夜！我已是晓得不耐烦了！趁早实说，与隔壁花家那淫妇偷了几次？你信不信，我吆喝起来，教你死无葬身之地！你安下人标住他男人，你却这里偷他老婆。我教你吃不了包着走！"

西门庆听了，慌的装矮子，跪在地下，笑嘻嘻央及说道："小声些！实不瞒你说，就只偷了昨天这一次。"

金莲哪里肯信。西门庆只好把李瓶儿送他的两根寿字金簪儿拔下来，送给了潘金莲做封口费。

潘金莲接了观看，却是两根番石青填地、金玲珑寿字簪儿，乃御前所制，宫里出来的，甚是奇巧。

金莲见了这对金簪儿，满心欢喜，收下后说道："既是如此，我就不说你了。你再到那边去时，我这边就与你两个望风，教你两个自在。你心下如何？"

那西门庆欢喜地双手搂抱着说道："我的乖乖儿，正是如此。我明天买一套妆花衣服谢你！"

21 西门庆爆发女人财

在潘金莲的掩护下，西门庆每晚翻越墙头，爬到隔壁李瓶儿的房中求欢，神不知鬼不觉的，悠哉乐哉。

忽然有一天，李瓶儿的老公花子虚被官府抓走了。究竟是怎么回事呢？这一切的一切，还得从李瓶儿的身世及财产说起。

李瓶儿，现年23岁，生得甚是白净，颇有几分姿色。

她早先曾是大名府梁中书之妾。梁中书是东京蔡太师的女婿，地位十分显赫。但梁夫人（蔡太师之女）极为狠毒，经常将婢妾打死后埋在后花园，李瓶儿因此无法得近梁中书，只在外书房内与养娘同住。

后来梁山好汉李逵在翠云楼杀了梁中书家中老小，梁中书与夫人各自狼狈逃生。李瓶儿乘乱带了一百颗西洋大珠，二两重一对鸦青宝石，往东京投亲。这个时候，她手里就有些钱了。

当时，东京的花太监看上了李瓶儿，要娶她，就以他侄子花子虚没老婆为由，叫媒婆说了亲，将李瓶儿嫁给花子虚为正室。后来花太监升为广南镇守，去广南的时候，把李瓶儿也带过去玩了半年多。

花太监有病，告老还乡，因是清河县人，回来后，就买了一座豪宅，恰在西门庆家的隔壁，所以就成了邻居。

皇家的仓库一般由太监掌管，这就成为太监们最主要的生财之道。混得好的太监，一般都有许多宫内的奇珍异宝及数量庞大的财产。

花太监死了以后，他的财产就全部交给了侄子花子虚。

当然这只是明的，还有一笔暗的巨额财产，却瞒过大家，都悄悄留给了情妇李瓶儿。

下面，我们就先来算一算李瓶儿攒下的私房钱：

1. 一百颗西洋大珠，二两重一对鸦青宝石。（前夫处获得）。

我们按现今珍珠的均价来估，3000元一个，一百颗值三十万，鸦青宝石有一对，不好估价，暂且也按三十万估吧。嫁给梁中书当老婆，挣个60万，绝对是少说了。

2. 房中箱子里，搬出六十锭大元宝，共计三千两。（花太监处获得）。三千两，折合人民币约300万元。

3. 床后还有四箱柜蟒衣玉带，帽顶绦环，都是值钱珍宝之物。难以估价。

4. 还另有：床后茶叶箱内，藏着四十斤沉香，二百斤白蜡，两罐子水银，八十斤胡椒。这些香料、水银等物共卖了三百八十两银子，折合人民币约有三、四十万元。

如果按今天的人民币来算，这些少说也有个500万了。况且，这还只是李瓶儿透露给西门庆知道的部分。

窥破金瓶

这李瓶儿可是个大富婆，《金瓶梅》中最大的一个富婆，她的财产比西门庆和花子虚两个富豪加起来还要多。

花子虚每天花天酒地，吃喝嫖赌，惹得他的三个兄弟眼红，老大花子由、老三花子光、老四花子华，都是花老太监的亲侄子，三人一合计，一纸公文告上去，说他独霸家产。

于是，花子虚被官府的人抓走了，待审。

李瓶儿一着急，就连忙叫丫头过来，请西老板来商量商量。西门庆马上就过来了，从大门里照直走了进去。

因为这次办的是公事，所以西门庆走的就是大门，那就用不着再爬墙头了，正大光明地从前门而入。

有趣的是，西门庆的大老婆吴月娘此时还在提醒他说："你到她屋里，明天该不会有人讲你的闲话吧。"

西门庆说："不妨事。"

西门庆过来了，李瓶儿把情况都说了，请西门庆帮忙找人活动活动，把花子虚救出来。

李瓶儿给出的最低底线是，能够保住花子虚的命就行了。

西门庆说："我当是什么大不了的事，原来是房分中告家财事，这个不打紧。好办。"

李瓶儿就问："要用多少礼儿，奴好预备。"

西门庆道："这也用不了几个钱，我的亲家可以找杨提督活动，都是天子面前说得起话的人。不管多大的事情也了了。就是蔡太师处要用些礼物。"

李瓶儿便来到房中，打开箱子，搬出六十锭大元宝，共计三千两（合人民币300万元），叫西门庆全部都拿去，寻人情，上下打点使用。

西门庆一看，啊，这么多钱啊，惊呆了："只一半足矣，何消用得许多！"

在西门庆看来，小事一桩，原本用不了几个钱就能摆平的，现在却说“只一半”就够了。

但李瓶儿却又说道：“多的你就先收着。我床后还有四箱柜蟒衣玉带，帽顶绦环，都是值钱珍宝之物，也给你替我收着，都放在你那里，等我用时再来取。”

原来，李瓶儿并不是真的要出这么多钱，而是在转移财产！免得被查出来了。放到西门庆家里，有谁会知道？！谁查得出？！

因为李瓶儿说：“趁这时，奴不思个防身之计，到明日，免的把这些东西儿叫人暗算了去，坑闪得奴三不归！”

西门庆又问，要是花二哥知道了咋办？

李瓶儿道：“这都是老公公交与奴收着之物，他一字不知。大官人只顾收去。”

于是，西门庆马上回来，和大老婆吴月娘商量。怎么办？

吴月娘在一般人的印象中是个贤良端庄的形象。但是，她现在看在钱的份上，对西门庆出了个主意道：“那箱笼东西，若从大门里进来，教两边街坊看着不惹眼？必须夜晚打墙上过来方隐密些。”

你看，她对她男人说，必须夜里从墙上爬过来，才隐密。

西门庆听了大喜！

然后，到了晚夕月上时分，李瓶儿那边，丫鬟放桌凳，把箱柜挨到墙上。西门庆这边，止是月娘、金莲、春梅，用梯子接着。一个个打发过来，都送到月娘房中去了。

哈哈，忒有意思了！从墙这边偷偷爬过去的是人，从墙那边偷偷爬过来的却是钱！

白睡了不算，还有巨额财产。西老板这回又赚大了。

这一笔，至少价值人民币三百多万！是富婆李瓶儿的主要部分财产，全部转移成功。

不过，目前还并不是属于西门庆的，因为西门庆仅仅只是替人家隐藏、保管一下。那么，究竟怎样才能使这笔巨额财产最终都划到自己的名下来呢？

欲知后事如何，且听下回分解。

22 解读《金瓶梅》：什么是“清官”

花子虚因打家产官司被关到了监狱里，审理该案的开封府府尹名叫杨时。

这杨时是个清官，作者在介绍他的时候，用了四个字：“极是清廉”。

那么，这个“清官”究竟会怎样断案呢？会不会秉公执法呢？

我们先来研究一下案情：

花家的家产，是老公公花太监挣来的，四个侄子按说都有份。但是花太监只留给了花子虚（李瓶儿），其他三个侄子肯定有意见。

花太监的遗产共有三个组成部分：

1. 实物；

2. 房产；

3. 银两。

银两在李瓶儿手里；房产被花子虚住着；实物（多不值钱）则早

就被另外三个花氏兄弟瓜分了。

三个花氏兄弟没有得到房产、银两，就眼红花子虚，告他独霸家产。要求房屋、银两都拿出来分掉。

而花子虚说，只有房产还在，银两都已经花费完了。

那么，最有争议的部分，就是银两。双方就一定会在“银两”上争执不休。

这个案子的许多细节都是模糊的。比如，老公公有没有遗嘱？究竟是给花子虚一人？还是他们四人？又比如，老公公有钱，究竟有多少钱呢？其实大家都说不清楚。

就连审判长也说“无可稽考”。这个案子究竟该怎样判才合理？这才真的是“清官难断家务事”了。

但是，这个“极是清廉”的审判长杨府尹，并没有去做细致的调查取证工作，而是采用了“简便方法”，三下五除二就非常简单地做出了如下判决：

1. 银两，无可稽考。既然已经被花子虚用完了，那就将花太监的住宅二所、庄田一处，估价变卖，分给花家三兄弟。

2. 花子由等人还要紧追银两不放。杨府尹大怒，喝道：“你这厮少打！当初你们怎么不来告状？如今事情过了几年了，又来骚扰。”

就这样，只要花子虚把房子卖了，分给三兄弟，就草草结案了。

这个杨府尹的判法，究竟公不公，好不好，其实很难说。但有一条是确定的：绝对是按上面的意思判的。

书上写道：“西门庆求了他亲家陈宅一封书，差家人上东京。送上杨提督书札，转求内阁蔡太师柬帖下与开封府杨府尹。这府尹名唤杨时……极是清廉。况蔡太师是他旧时座主，杨戬又是当道时臣，如何不做分上！”

杨府尹是按蔡太师、杨提督的意思判的。

这非常符合“怎样有利就怎样处理”、“怎样简单就怎样处理”的惯例。

这个惯例，其实还是合乎人之常情的，遵循了“价格优先、时间优先”的原则。

我们奇怪的只是，既然这样，那为什么还要明确地说他是一个“极是清廉”的官员呢？这没啥必然联系啊，从头到尾也并没看到他有什么“清廉”之处啊。

到这个时候，《金瓶梅》中已经出现了两个“清官”：

1. 审武松的陈府尹。（“极是个清廉的官”。）

2. 审花子虚的杨府尹。（“极是清廉”。）

这两个府尹在判案时，都只注重结果，案子的过程都是一笔糊涂账，且偏偏都写明了他们“清廉”。

可见，这个“清廉”，在《金瓶梅》中并不是我们想像中的那个高尚的意思。

究竟是什么意思呢？清者，贫也，“穷鬼”的意思。

不要以为当官的就都很发财，还是有搞不到钱的。《金瓶梅》中后面还有几个穷官，连妓女都瞧不起他们。

怎么看这上面的两个府尹搞不到钱呢？从西门庆送礼可以看出。

1. 在“武松案”中，西门庆上下打点，花了不少钱的，但书中写明了：西门庆并没有送一分钱给陈府尹。

2. 在“花子虚案”中，本身成本就不高，其实可以不花钱的，西门庆仅仅只是送了点小礼，意思意思，也没有送一分钱给杨府尹。

西门庆是个商人，凡投资都要讲回报的。为什么不在这两个“清官”身上投资呢？只能说，这两个人没啥投资价值，用不着给他们送礼。

现在明白了吧，清官，就是清官的意思。

花子虚放出来后就卖屋还账。他名下的三座房地产，分别是：

1.大街安庆坊大宅一所，值七百两。合人民币70万。卖给了一个姓王的皇亲。

2.南门外庄田一处，值六百五十两。合人民币65万。卖给了周守备（地方武职）。

3.现在住的和西门庆隔壁的房子，值五百四十两。合人民币54万。这一处，没人买，卖不出。

花子虚非常着急，就再三来说，叫西门庆出钱买着。西门庆只推没钱，不肯上账。县里催得紧，李瓶儿也急了，暗叫西门庆用她寄放的银子去买，这西门庆方才依允。

于是，西门庆就不用掏一分钱的成本，还带理不理的，用李瓶儿的54万买下了她老公花子虚的房子，当然是过户在了西门庆的名下。

花子虚打了一场官司下来，沦为穷光蛋，钱也没了，房子也没了，都肥了西门庆。

23《金瓶梅》中最悲哀的男人

当女人背叛男人时，男人会死得很惨！

花子虚的三处地产共卖了合人民币189万，被他的三个亲弟兄均分了，每人分了约63万。大家就都没意见了。

花子虚已经成了穷光蛋。钱也没了，房子也没了，心中甚是焦躁。他就问老婆李瓶儿：你那两大箱子钱怎么都不见了？你去查算一下西门庆找关系究竟花了多少，还剩下多少，咱好凑着再买个房子住。

没料到，这个一贯温柔的李瓶儿，此刻竟如悍妇一般，泼口大骂花子虚，整骂了四五日！连搽带骂，骂得花子虚闭口无言！

花子虚好失败好失败，不知道自己错在哪里。

沦落到这一步，花子虚认了。他的要求不高，无论西门庆用了多少钱，只要还有剩下的就行。“实指望还剩下些，咱凑着买房子过日子。”

但是，就这一点要求，也没有达到。

三千两银子，合人民币300万元，都被李瓶儿以“跑关系”的借口转移到了西门庆家里，西门庆当时说“也用不多”，但李瓶儿却说“多的大官人收了去”，还有一大堆珍宝，“亦发大官人替我收去”。

既然这样，西门庆就说“只一半足矣”。而事实上，他仅仅只花了少许的见面礼。如果西门庆按“一半”的开销（150万）和李瓶儿结算，那么，西门庆雁过拔毛，至少可以从中纯落100万！

而另一半，还剩下的150万，是应该归还的。但李瓶儿要瞒在西门庆家里不拿出来，对花子虚撒谎说全部都送人情送光了。

花子虚再问，李瓶儿就再骂。不仅骂他，还要他请西门庆的客。

这天，花子虚安排了一席，请西门庆来喝酒，一是表示感谢，二是要追问他银两的下落。

书上写道：“依着西门庆，还要找过几百两银子与他凑买房子。”

也就是说，西门庆原本还是打算再还给他几十万块钱买房子的，并不存心全部黑掉。

但李瓶儿不答应。“倒是李瓶儿不肯，暗地使冯妈妈过来对西门庆说：“休要来吃酒，只开送一篇花帐与他，说银子上下打点都使没了。”

西门庆一听，立马就躲得远远的。

这花子虚又使小厮再三邀请，西门庆却老是不在家了。花子虚气得发昏，只是跌脚。最后，一直到他死，也再没见到这哥们一面。

这一回中，李瓶儿是个怎样的人呢：她先叫花子虚摆上一桌酒席，请西门庆过来吃，再转身叫西门庆休要来吃酒。

竟是个这样的人，也太会摆布她老公了吧。

花子虚这个人，并没干过什么坏事，脾气比那个武大郎还要好，就一点，只喜欢嫖娼。并且经常是连夜不知归。

为什么特喜欢嫖娼呢？因为他看了老婆就不爽！因为李瓶儿也说过，花太监在的时候，都是把他赶到另一间房睡觉的。他不过只是在帮老太监顶绿帽子而已。

花子虚，固然是作者虚构的一个人名。但研究一下，也颇有寓意：

花子虚是“花”，李瓶儿是“瓶”。花只有插在瓶内才是完整的（暗喻男女交合之象）。偏偏，花是“子虚”，就是“子虚乌有”的意思。“子虚乌有”就是“没有”。

瓶里没有插花，暗喻李瓶儿的婚姻是无性的。嘿嘿，作者为每一个人物的命名，都是有用意的。

李瓶儿先前经历的三个男人：梁中书（无法得近）；花太监（极端变态）；花子虚（天天嫖娼）。基本上都是无性的。当她遇到了高大潇洒厉害的西门庆之后，岂有不爆发之理。

所以，李瓶儿对西门庆说：“你就是医奴的药一般”，“奴不久也是你的人了。”当然就要向着西门庆坑害他老公！

闲话休提。花子虚一直见不到西门庆的人影儿，没奈何，却也东借西凑了二三十万块钱，在狮子街买了一所房屋居住。刚搬到那里，又不幸害了一场伤寒。

屋漏偏遇连夜雨。花子虚这一病，从十一月初，睡倒在床上，就不曾起来。

李瓶儿是怎么对待他的呢？“初时还请太医来看，后来怕使钱，只挨着。一日两，两日三，挨到二十头，呜呼哀哉，断气身亡，亡年二十四岁。”

花子虚是十月份吃的官司，当月出狱，十一月上旬害大病，十一月二十几去世。家中遭巨变，前后不到两个月的时间。

这个悲哀的男人，花子虚，是继武大郎之后的又一个“冤大头”。我们暂且称他为“武大郎第二”。

细细将花子虚和武大郎比较，倒还真有几分相似：

1.张大户看上了潘金莲，就把她免费嫁给了武大郎。而花太监看上了李瓶儿，就把她免费嫁给了花子虚。

2.张大户和潘金莲睡觉时，武大郎会知趣地走开，并不声言。而花太监和李瓶儿睡觉时，花子虚要到别的房里睡，否则会被骂得狗血喷头，或是挨棍子。

3.武大郎是被老婆毒死的。而花子虚是病死的，这一点不同。但从深处说，花子虚又何尝不是被老婆气死的？再者，花子虚重病之后，老婆居然为了省钱而停了他的药，让他等死，与谋杀何异！

当女人背叛男人时，男人会死得很惨！

24 当女人向男人求婚时

李瓶儿的老公是十一月底死的。此后，西门庆想去就去，一直同居到次年的正月，李瓶儿终于忍不住了。

李瓶儿说："我老公已经死了，今天这杯酒，只靠官人与奴作个主，休要嫌奴丑陋，奴情愿与官人铺床叠被，与众位娘子作个姊妹，奴自己甘心。不知官人心下如何？"

李瓶儿自己主动提出，要嫁给西门庆。

这女人向男人求婚，怎么说还是比较少见的。现在该西门庆选择。

当时，西门庆一手接酒，一手扯她道："你请起来。既蒙你厚爱，我西门庆铭刻于心。今日是你的好日子，咱们且吃酒。"

看到这里，既要佩服西门庆高手，又要骂他混蛋。你看，李瓶儿要和他结婚，问他心下如何？他却说，我们先吃酒。

吃了酒，上床。

床上，李瓶儿露着粉般身子，香肩相并，玉体厮挨。因问西门庆："你那边房子几时收拾？"

那边房子，就是原先花子虚住的房子，李瓶儿出钱暗叫西门庆买下的那座。与西门庆家隔壁。

西门庆说，准备把墙拆了，全部打开，连成一片，在前边盖个山子卷棚，花园耍子，后边还盖三间玩花楼。

李瓶儿就把床后茶叶箱内，还藏着的三四十斤沉香、二百斤白蜡、两罐子水银、八十斤胡椒，都搬出来给了西门庆，叫他卖了银子，凑着盖房。

并再次说道："奴情愿与娘们做个姊妹，随问把我做第几个也罢。亲亲，奴舍不的你。"眼泪纷纷地落将下来。

西门庆忙把汗巾儿抹拭，说道："你的情意，我已尽知。待我那边房子盖了才好。不然娶你过去，没有住房。"

西门庆说是因为没有房子住，等房子盖好了再说。

但是，我们可以猜想，西门庆其实并不是很想娶她。因为钱也到手了，人也到手了，现在，你住在这边，我住在那边，我想来就来，想走就走，不是很好吗？！又何必娶到家里，多麻烦呀！

如果真心要娶她，西门庆一口就答应了。但他一直都是含糊其词地不表态。更有意思的是，他居然去和潘金莲商量：究竟娶不娶她？

西门庆问潘金莲道："她哭哭啼啼的，说晚上害怕，一心要我娶她。说要和你做个姊妹，恐怕你不肯。"

潘金莲一听，哼！你当初娶我时，也没见和哪个商量过就直接娶了。现在你肯定是把她玩腻了，想叫我出个主意，怎样把她甩了，我才不与你当恶人呢。

于是，潘金莲说："我巴不的她来，她来才好呢，我这里空落落的，正好与我做个伴儿。只是别人的心，并不是都像我这样对你，所以呀，这件事，你还是应该去问一声大姐姐，看她怎么说。"

西门庆没招了，也不好去问大老婆，就这样一直拖着。去李瓶儿家也少了。在家里盖房子盖花园，一晃就是一个多月。

李瓶儿很失望，天天都陷入到一种莫名的不安之中。

到了三月上旬，李瓶儿又把西门庆叫去："你早把奴娶过去罢！随你把奴作第几个，奴情愿伏侍你铺床叠被。"说着泪如雨下。

又说："你既有真心娶奴，就娶奴过去。到你家住一日，死也甘心。省得奴在这里度日如年。"

又说："要不，我先搬到五娘（潘金莲）那边住两天。等你盖好了新房子，我再搬不迟。"

西门庆一五一十都对潘金莲说了。

金莲道："好哩！我巴不的腾两间房给她住。你还是问声大姐姐去。"

反正硬往大老婆吴月娘身上推，错不了的。

西门庆大脑一片空白，走到月娘房里，月娘正在梳头。

西门庆就把李瓶儿要嫁一节，从头至尾细说了一遍。

看来，西老板这次真的是很为难了，不是想娶，也不是不想娶，反正他自己也不知道究竟该怎样才好了。

吴月娘道："你不好娶她的。第一她孝服不满；第二你当初和她男人关系好；第三，你又和她连手买他房子，收她银子。我听说，他家花老大是个刁徒泼皮。你不怕他惹事告你？！你听不听，随你！"

几句话说得西门庆闭口无言。走出来，坐在椅子上沉吟：又不好回李瓶儿话，又不好不去的。寻思了半日，竟没了主张。

从这里可以看出，西门庆也不是一定不想娶她。只是很为难。而李瓶儿那边又催的紧，没办法了，西门庆能绕就绕，能拖就脱，一晃，又是一个多月过去了。

到了五月初五，李瓶儿又把西门庆叫来，又问他打算几时结婚。

这一次，西门庆被逼急了。最后，终于答应了李瓶儿：结婚的日子，定在五月十五日这一天，就把她娶过去。

见西门庆答应结婚，又定下了日子，李瓶儿这才放了心。

到结婚只有十天日子了，李瓶儿在家准备了一些金银首饰。等了一日、两日，不见动静，李瓶儿就叫身边的冯妈妈过来看一下。

那冯妈妈来到西门庆家，吃了一惊，只见——西门庆家的大门，关得似铁桶一般。

冯妈妈只好站在外面等，等了半天，没一个人影儿出来，竟不知是怎么回事。没奈何，冯妈妈只好叹气而归，把情况都对李瓶儿说了。

李瓶儿一听，急了，又要冯妈妈过来找西门庆。就这样，李瓶儿天天都叫冯妈妈过来寻西门庆，天天都没个人影儿，西门庆家的大门一直都关得似铁桶。

到了五月十四，结婚的前一天，西门庆家依旧没动静。李瓶儿好失望好失望。

过了五月十五，结婚的日子，还是没有任何动静。西门庆就像突然失踪了一般。李瓶儿要急疯了。

婚期过了，看看到了五月二十四日，李瓶儿还叫冯妈妈又把她结婚的首饰都带上，送到西门庆家来。

叫门门不开。不过这次总算有些幸运，恰巧遇到一个小厮，冯妈妈就叫那小厮进去对西门庆说了。这西门庆一直都呆在家里，他就是不出来，他把金银都收下后，叫小厮传话出来，叫她再等几日。

李瓶儿只好耐着性子又等了几日。

看看五月将尽，还是杳无音讯。到了六月上旬，依然音信全无。西门家的大门始终关得像铁桶一般，怎么叫也叫不开，西门庆好似人间蒸发了。

李瓶儿这回算是彻底地绝望了！

25 贫贱医生傍富婆

西门庆先前对李瓶儿说，你现在嫁过来，我那边没有房子住。看起来似乎也有些道理。但不久，他的亲家（东京的）老陈犯了官司出了事，女婿陈敬济和女儿西门大姐躲回到了清河县。

你看，家里一下子就添了两门人，也没听说房子不够住的事。谎言不攻自破。

紧接着，西门庆紧关上大门，犹如人间蒸发了一般。他的理由是：女婿家里出了事，需要回避一下。

这个说法似乎也有些道理，但是，若真的有事，关在家里就能躲得脱么？我们再看他的大老婆吴月娘，却是这样说的：“他陈亲家那边为事，各人冤有头债有主，你也不需焦愁如此。”

这个事，其实也并不关你西门庆什么事啊，你紧张什么，烦恼什么。

吴月娘哪里知道，西门庆其实是在烦李瓶儿逼婚的事。烦的是这。借口有事，闭门不出，那么，李瓶儿就找不到他了。

李瓶儿等呀等，一直等到六月中旬，婚期都过去一个多月了，硬是见不到西门庆的人影儿。那还不发疯呀。钱、房子、人，都被他白搞了，现在说甩就甩，西门庆怎么是个这样的人呢？

西门庆三个字，复姓“西门”，我们知道，一座城市的“东门”才是正门、大道。“西门”呢？是不是在暗示旁门左道呢？反正西门不会是正大门。

单名一个“庆”字，庆，就是喜庆、吉利、庆贺、热闹的意思。

西门庆三个字合起来，大概就是一幅走旁门发大财很吉利很热闹的场面。

而李瓶儿是“瓶”，瓶者，喜静不喜动，经不起热闹的，所以当“瓶”遇到“庆”的时候，岂有不碰翻摔碎之理乎？

闲话休提。且说李瓶儿盼不来西门庆，每日茶饭顿减，精神恍惚。晚上孤枕难眠展转踌蹰。忽听外边敲门，仿佛西门庆来到。李瓶儿迎门笑接，携手进房，彻夜欢娱。天亮鸡鸣，便抽身回去。

李瓶儿从此梦境祟邪，夜夜有狐狸精假托西门庆来，与之交欢，摄其精髓。

这段幻觉描写很有意思：一是李瓶儿每夜梦见与西门庆造爱已经神经失常；二是西门庆像狐狸精一样，摄尽了她的精髓（财产）。

李瓶儿时常梦中恍然惊醒，唤问冯妈妈：“刚才西门庆出去，你关上门不曾？”

冯妈妈道：“娘子想得心迷了，哪里得大官人来？影儿也没有！”

病得不轻啊，李瓶儿渐渐形容黄瘦，饮食不进，卧床不起。

这个时候，来了一位医生为她瞧病。

这个医生姓蒋，名叫蒋竹山，个头不高，人品不好，虽不到三十岁，却是太医院毕业的，医术也算高明，和前面那个土医生刘婆子的巫术不是一回事。

他来到床前只一望，见她颇有姿色，又没个男人，又听说有狐狸精摄其精髓，便已知八九分了，思欲太旺自淫过度。

蒋医生便道："娘子乃六欲七情所致。阴阳交争，乍寒乍热，似有郁结于中而不遂之意。白日倦怠，精神短少；夜晚神不守舍，梦与鬼交。若不早治，久而变为骨蒸之疾，必有性命之忧！"

开了药，收了500元钱。李瓶儿吃了，不消数日，精神复旧。

李瓶儿的病情一好转，为答谢蒋医生，就请他过来吃酒，又给了他3000元（三两银子）的"小费"。

饮过三巡，那轻浮好色的蒋竹山蒋医生就先用言语挑拨李瓶儿："可惜，娘子这般青春妙龄，一个人独居，岂不生病！"

李瓶儿叹了叹气。

当李瓶儿说要嫁给西门庆时，那蒋竹山就诳诈道：

"苦哉，苦哉！此人是个打老婆的班头，坑妇女的领袖。家中大小五六个老婆，稍不中意，就令媒人领出去卖了。幸好娘子早对我说了，不然进入他家，如飞蛾投火一般，坑你上不上，下不下，那时悔之晚矣。近日他亲家那边出了大事，官府里要来捉拿他，你看，到明日他盖的这房子，都要抄家没收。你嫁给他做甚？"

一席话说得妇人心里凉了半头！暗中跌脚，难怪他不来，原来家里出了事，幸好自己还没嫁过去。

又转念一想，不能嫁西门庆，其实嫁给蒋竹山这样的医生，也还是可以的。

李瓶儿决定嫁给蒋竹山，只在一瞬间的事。

那么，她究竟爱不爱西门庆呢？有几成爱呢？实在是难于说清呀。爱上了蒋竹山吗？好笑。

当时，李瓶儿就请蒋竹山为她说一门亲。

竹山乘机问道："不知要何等样人家？"

妇人直言道："只要像先生这般人物的。"

这桩婚事极其简单就说成了。不要以为李瓶儿说这么直白就是轻浮，因为这简单中透出的是无奈，是轻蔑，其实未必看得上他，只是将就着过日子还凑合。

那蒋竹山喜得慌忙双膝跪在地下，向她表白，如何如何。

妇人笑笑，以手携之。（只有孤傲的意思）。叫他找个媒人来说媒，方成礼数。

蒋竹山居然又跪下哀告道："学生家中贫乏，实在寒微，请不起媒人。"

妇人笑道（只有施舍的意思）："你既无钱，我这里有个冯妈妈，叫她做个媒。也不要你行聘，招你进来，入门为赘。你意下若何？"

这蒋竹山连忙倒身下拜（第三次跪）："娘子就如学生的重生父母，再长爹娘。夙世有缘，三生大幸矣！"

你看这个没骨气的男人！没脊梁的狗一般。人家西门庆吸尽了精髓剩下的药渣，他当个宝。但也不至于这般下贱作践自己吧。

李瓶儿因为等西门庆，实在等不到了，便于"六月十八"这个大好日子，把蒋竹山倒踏门招进来成了夫妻。

两人从认识到结婚，只在一个星期左右。"闪婚"。

蒋医生倒嫁给李瓶儿之后的第三天，李瓶儿投资了300000元钱（三百两银子），进货购买了一大堆药材，在自家前面开了两间门面，给蒋医生坐诊，店内焕然一新。

蒋医生时来运转，终于有了一处自己的私人诊所。

蒋医生以前出诊，到人家屋里看病时，都是靠两个脚走的。跑断两条腿。现在呢，李瓶儿又花了大几千块钱，为他配备了一匹驴子，

（换成现代，可以抵一辆摩托）。蒋医生每次出门，就骑着李瓶儿为他买的这匹驴子，在街上往来，不在话下。

蒋医生应该算是脱贫了吧。作者这样笑他："一洼死水全无浪，也有春风摆动时。"

26 流氓痛打色狼医生

一日，西门庆的小厮从外面回来说，李瓶儿在自家门口开了个大生药铺，还请了一个伙计，生意好得很啦！

西门庆听了半信半疑。遇到冯妈妈时，就问她是怎么回事。

冯妈妈说："还问什么？我们那等往你家去，几遍不见你，把大门关着。教你早动身，你不理。今教别人成了，你还说甚的？"

西门庆就问她："李瓶儿是嫁给谁了？"

冯妈妈就把李瓶儿嫁蒋竹山一事都说了。

那西门庆一听，火冒三丈高，打马回家来，没头没脑地把一家人都骂了，醉醺醺地还踢了潘金莲两脚。

一觉醒来，西门庆命令潘金莲马爬在他面前，搞"隔山取火"。

金莲骂道："好个刁钻的强盗！从几时新兴出来的例儿，怪刺刺教丫头看答着，甚么张致！"

西门庆道："我对你说了罢，当初李瓶儿和我常如此干，叫她家迎春在旁执壶斟酒。"

金莲道："题那淫妇做甚。"

《金瓶梅》中的性描写，都是有用意的，与上下文的联系、及故事走向，都是有着密切关系的。这里，"隔山取火"指什么呢？是指西门庆还是有些想念李瓶儿的，所以就暂且把潘金莲当作李瓶儿干了一次。

然后，西门庆又骂道："若嫁了别人，我倒罢了。那蒋太医贼矮王八，招他进去，与他本钱，教他在我眼面前开铺子，大剌剌的做买卖！"

西门庆的药房是五间门面，蒋医生现在只是两间门面。

但是，蒋医生是太医院毕业的，医术颇高，又看病又卖药；而西门庆则不会看病，仅仅只是卖药。

这样，假以时日，蒋医生的生意肯定会蒸蒸日上，对西门庆的药房将构成严重的威胁！西门庆非常敏感地意识到了这一点，当然也就极其痛恨蒋医生。

对于西门庆来说，他怕李瓶儿逼婚，一直躲着不肯相见。那么，李瓶儿死了是最好，嫁给别人也很好。

并不在乎她嫁给谁。

但偏偏没想到的是，她会嫁给蒋医生。

所以，西门庆才会说，"若嫁了别人倒也罢了"，又骂嫁蒋太医那矮王八难道比我强啊，又骂李瓶儿还给他本钱抢老子的生意。

最后越想越不服气，决定要干他的人，叫他的生意混不下去。

而此时，李瓶儿和蒋医生结婚还不到两个月，问题就出来了，很严重的。书上这样说：

蒋医生买了些淫器要讨她喜欢，不想李瓶儿在西门庆手里狂风骤雨经过的，蒋医生干事往往不称其意，李瓶儿渐生憎恶，反把淫器之物，都用石砸的稀碎丢掉了。

李瓶儿骂他："你本虾鳝，腰里无力，原来是个中看不中吃腊枪头，死王八！"

从此，蒋医生常被李瓶儿半夜三更赶到前边铺子里睡，不许他进房。

一旦分居，也就进入了危险期。

西门庆的房子盖好了，是八月上旬，恭贺的人来整整吃了数日酒。

紧接着，是提刑所的夏大人过生日，西门庆又去赶人情，吃了酒回家，路上遇到两个流氓，一名鲁华，一名张胜，乃鸡窃狗盗之徒。

西门庆把他们两个叫住，掏出四五千块钱（四五两银子）："你两个拿去打酒吃。帮我干一个人，干得好，还谢你二人。"两人得了钱去了。

西门庆回来对潘金莲说："到明日，教你笑一声。蒋太医今天开生药铺，明天叫他脸上开果子铺。"

第二天，鲁华、张胜两个流氓找蒋竹山来了。

鲁华说，蒋竹山曾在三年前向鲁华借了3万块钱（三十两银子），连本带利该还5万。张胜是文书保人，说着就把借据递给他看。

蒋竹山气的脸色腊黄，骂道："你是哪里捣子，走来吓诈我！"

鲁华飕的一拳，早飞到蒋竹山脸上，把鼻子打歪在半边，又把架上的药材撒了一街。

蒋竹山大叫"青天白日"，不提防鲁华又是一拳，仰八叉跌了一交，爬不起来。

这时，地方保甲上来，把三个人都一条绳子拴了，押到县里。

关了一夜，次日，夏提刑升厅，问蒋竹山："你如何借了鲁华银子不还，反还打他？"

竹山道："小人并不认的此人，也没借他银子。小人以理分说，他反乱行踢打，把小人货物都抢了。"

鲁华便将借据呈上去，夏提刑看了，拍案大怒道："现有保人、借票，还这等抵赖。看你这厮咬文嚼字的模样，就像个赖债的。"喝令左右痛打三十大板，打的蒋医生皮开肉绽。

又叫两个公人押着蒋竹山回来拿钱，不然，带回衙门收监。

蒋医生被打得两腿刺八着，走到家，哭哭啼啼哀告李瓶儿，要她拿3万块钱出来，还与鲁华。

李瓶儿不给，还唠了一口在他脸上，又骂他死王八。蒋医生又哀告，直蹶儿跪在地上，哭哭啼啼。

李瓶儿不得已，最后还是帮他出了钱，方才完事。

这鲁华、张胜把钱拿给西门庆，西门庆留他二人管待酒饭之后，没要这钱，都给了他二人。

却说蒋竹山在家中，李瓶儿赶他滚蛋："只当奴害了病的，这些钱我也不要你还了。你趁早与我搬出去罢！再迟些时，连我这两间房子，尚且不够你还人！"

西门庆讹诈去的这3万块钱，被李瓶儿算作了给蒋竹山的"分手费"。

结得快，离得快。前后不到两个月时间。

那蒋竹山哭哭啼啼，忍着腿疼走了。凡是李瓶儿本钱置的货物都留下，只把他原来自己的东西带走了。

临出门，李瓶儿还叫冯妈妈舀了一盆水，赶着泼出去。

27 披着婚纱扑向地狱

李瓶儿赶走蒋竹山后，一心还要嫁西门庆。

八月十五这天，李瓶儿叫西门庆的小厮玳安去帮忙说说好话，叫西门庆好歹过来看她一看。

玳安回来对西门庆都说了，说她甚是懊悔，人也瘦了好些儿，整天哭哩。

西门庆道："贼贱淫妇，既已嫁了别人，又来缠我怎的？你去对她说，我不得闲，没时间看她，也不会下甚么茶礼彩礼。她若要嫁过来，叫她选个结婚的好日子，自己去叫一顶轿子把自己抬过来罢！"

这玳安就走到李瓶儿那里，向她回了话。

李瓶儿听了满心欢喜，叫玳安明天就喊几个人过来，先把家当都搬过去。李瓶儿陪嫁过来的东西，那可真叫多呀，整抬运了四五日！西门庆叫都堆在新盖的玩花楼上。

八月二十日，结婚的正期。一顶大轿，把李瓶儿抬了过来。

民间嫁娶的风俗，应该是新郎官骑着高头大马走在前面。嘿嘿，李瓶儿嫁人的时候，只一顶抬新娘的轿子，前面没有新郎。

李瓶儿就是这样嫁到西门庆家里来的。

那一天，西门庆哪也没去，坐在家中单等李瓶儿自己送上门来。

轿子抬到大门口，大门紧关着，李瓶儿等了半天，也没个人出来开门迎接。

这就是李瓶儿大喜的日子。前面我们分析过李瓶儿的名字，一逢喜事必有灾。现在，还仅仅只是开头。

西门庆不出来，吴月娘也不出来。三太太看不下去了才说："姐姐，你是家主，你不去迎接迎接？轿子在门首这一日了，没个人出去，她怎么好进来的？"

吴月娘欲待出去，又欲待不出去，沉吟了半晌，还是出来了。

李瓶儿被安置在新房子里住。单等西门庆晚上入洞房。

不想西门庆正因旧恼在心，不进她房去。在潘金莲房里睡了。

金莲道："她是个新人儿，才来头一日，你就空了她房？"

第二天、第三天，一连三夜不进她房来。新娘结婚，一连三天没个人来入洞房。而新郎就在家里，睡在别人床上。

这李瓶儿饱哭了一场后，可怜走到床上，用脚带吊颈，悬梁自缢了。

且说两个丫鬟醒来，猛见床上妇人吊着，吓慌了手脚，喊叫起来。慌得一家人都跑过来看。

只见李瓶儿穿着一身大红衣裳，直掇掇吊在床上。连忙解救下来，过了半日，吐了一口清涎，方才苏醒。

当时，西门庆正在孟玉楼房中吃酒，还未睡哩。

孟玉楼劝西门庆道："你娶她过来，一连三日不往她房里去，她心中不恼么？好象是俺们天天把这椿事放在头里一般，就让不得她这一夜儿？”

西门庆道：“你不知道，这淫妇有些吃着碗里，看着锅里。想起来恼火！招那蒋太医去！我不如那厮？今天却怎的又来找我？”

孟玉楼道：“你恼的是。她也是被人骗了。”

次日，西门庆对二太太李娇儿等众人说：“你们休信那淫妇装死吓人。我不会放过她的。贼淫妇！不知把我当谁哩！”

众人见他这般说，都替李瓶儿捏了把汗。

到了晚上，西门庆提着马鞭子，进李瓶儿房里去了。李瓶儿睡在床上哭泣，见他进去也不起身。

西门庆心中就有几分不悦,指着她大骂道：“淫妇！你既然亏心了，如何跑到我家里来上吊？你跟着那矮王八过便了，谁请你来的！我又不曾把人坑了，你流那［毛必］尿怎的？”

李瓶儿眼里流出的泪水，在西门庆看来，是尿。

西门庆道：“我长这么大，还没见过人上吊，今日，你上个吊儿我瞧瞧！”于是拿一条绳子丢在她面前，叫李瓶儿上吊。

李瓶儿越发痛哭起来。思量我那世里晦气，今日大睁眼又撞入火坑里来了。

这西门庆大怒，教她脱了衣裳跪着。

李瓶儿不脱，被西门庆拖翻在地，取出鞭子就抽！李瓶儿方才脱去上下衣裳，战兢兢地跪着。

西门庆的鞭厉害。上次抽潘金莲只是一鞭子，这次抽李瓶儿是五鞭子。

西门庆坐着问道：“那时，我叫你略等等儿，你如何不依我，慌忙就嫁了蒋太医那矮王八？你嫁了别人，我倒也不恼！你还拿本钱与他开铺子，在我眼皮子跟前抢我的买卖！”

李瓶儿哭道：“奴也是吃那厮骗了。”

西门庆眼珠子一转，诈问道："听说你叫他写了状子，告我收了你许多东西。怎么今天，连你的人也跑到我家里来了！"

李瓶儿道："天啊，你可是没的说。奴若说过这话，就把奴身子烂化了。"

西门庆这才放了心，"哼哼，就算有，我也不怕。你说你有钱，换男人换的快，是不是，我手里可容你不得！"

怒气消了些下来。

西门庆问道："淫妇，你过来，我问你，我比蒋太医那厮谁强？"

李瓶儿道："他拿甚么来比你！你是个天，他是块砖；你在三十三天之上，他在九十九地之下。休说你这等为人上之人，只你每日吃用稀奇之物，他在世几百年还没曾看见哩！莫要说他，就是花子虚在日，若是比得上你时，奴也不恁般贪你了。你就是医奴的药一般，一经你手，教奴没日没夜只是想你。"

自这一句话，把西门庆旧情兜起，欢喜无尽，即丢了鞭子，用手把妇人拉将起来，穿上衣裳，搂在怀里，说道："我的儿，你说的是。果然这厮他见甚么碟儿天来大！"

即叫春梅："快放桌儿，后边取酒菜儿来！"

西门庆对李瓶儿究竟有情无情呢？实在不好说呀，按作者的意思，估计还是有情的，因为作者在原文中写道："正是：东边日出西边雨，道是无情却有情。"

28《金瓶梅》中的“阴柔”角力

《金瓶梅》脱胎于《水浒传》，两者一阴一阳，相映成趣。

《水浒传》是讲“兄弟情”的，故事以男人为主，阳刚、侠义，快人快语。

而《金瓶梅》则不同，专讲“姊妹情”，故事以女人为主，阴柔、绵密，话中有话。

西门庆一家，妻妾成群，人员复杂，看似和睦相处，实则貌合神离。看似表面波澜不惊，实则背后暗流涌动。

在小说《金瓶梅》中，作者对这些女人间勾心斗角的描写，要远胜于《水浒传》中的打打杀杀。

这些女人们，所说的每一句话，都当不得真。

上回我们说到李瓶儿嫁到西门庆家里来，坐上了第六把交椅。

名分虽然有了，但受尽凌辱，逼得要自杀。自杀未遂，又被西门庆提着鞭子进去，狠狠教训了一顿。

此时，西门庆家里的这些女人们都在场，她们目睹这一切的时候，都在做些什么呢？

下面，我们就来看看这些女人们在经历该事件时的各自表现。

西门庆在娶李瓶儿之前，最先是和潘金莲商量的。

潘金莲的说辞是："我巴不得她来"。因此，潘金莲表面上是赞同西门庆娶李瓶儿的。但她还有一句话："你去问大姐姐"。

而大老婆吴月娘直截了当地对西门庆说"你不能娶她"。

因此，从这里可以得知，五太太、大太太都不希望西门庆再娶第六个太太了。（其实，根本不用细分析，5个老婆都不会愿意西门庆再娶一个女人回来的。）

现在，李瓶儿已经嫁到西门庆家里来了，西门庆故意不到她房里去。这个时候，就有人开始劝他了。

第一个劝他的人，潘金莲说："她是个新人儿，才来头一日，你就空了她房？"

第二个劝他的人，孟玉楼说："你娶她过来，一连三日不往她房里去，她心中不恼么？好象是俺们天天把这椿事放在头里一般，就让不得她这一夜儿？"

西门庆还是不去，他在等什么呢？

他应该是在等其他的几个老婆也都来劝他。

因为这5个老婆都不愿意西门庆再娶第六个太太，那么，西门庆就故意如此，使得几个太太都来违心地劝他接受六太太，这样，至少在面子上，大家以后都比较好相处些。

但是，吴月娘、李娇儿、孙雪娥这三人始终就不肯表态。

所以，西门庆才故意对李娇儿等人说："我不会放过她。"还要拿鞭子去打她。西门庆的这一行为，实际上是做给这三个没有表态的人看的。

晚上，西门庆提着鞭子进入李瓶儿房中要打她。

这个时候，另外5个女人在做什么呢？我们来看一下：

首先，是孟玉楼、潘金莲两个吩咐春梅把门关了，不许一个人来，都躲在外面悄悄听着。看西门庆如何狠揍这个女人。

西门庆进去的时候，并没有说要关门。

现在门被她们两个关上了，这就意味着：李瓶儿不可能跑出来，而外面的人也不可能进去解围。那就只有一种结果：关在里面打！

女人挨打，是一件很悲哀的事，但是当女人看着别的女人挨打时，却总是有着几许快意的。

一句“把门关了，不许一个人来”，道尽了人心的险恶。

潘金莲和孟玉楼两个躲在外面看不到里面，只能听到吼叫声与哭泣声。

潘金莲就对孟玉楼说，她对李瓶儿的遭遇，表示十二分的同情。她一心要来这里，什么好也没讨到，先讨了几下下马威。真是叫人同情啊。

然而，当春梅出来时，问清楚了，现在西门庆已经搂着李瓶儿，正等着上酒呢。就在这一瞬间，潘金莲突然很失望：“贼没廉耻的货！雷声大雨点小……”雷大雨小，你吼那么大声，咋不狠揍她呢。

因为期望值没有实现，所以很失望。

潘金莲和孟玉楼正说着，只见玉箫自后边蓦地走来，把孟玉楼吓了一大跳。

这玉箫是谁呢？是大太太吴月娘房中的丫鬟。她这个时候也出现在这里，就极有可能是大太太派她来做密探的。

因此，孟玉楼就问她，你来这里，你娘知道你来不曾？

玉箫回答说："我打发娘睡下这一日了，我来前边瞧瞧。"又一连问了三个问题：

问：她屋里究竟怎样个动静儿？

又问：真个教她脱了衣裳跪着，打了五鞭子？

又问：带着衣服打来，去了衣裳打来？她那莹白的皮肉儿怎么挨得？

从这几个女人的讨论中，我们可以知道：

西门庆究竟是如何虐待李瓶儿的，其实，五房太太中，并没有一个人看到。"打了5鞭子"只是听春梅说的。

那么，西门庆表演作秀的成分就极大了。

这5个女人都视李瓶儿为眼中钉、肉中刺，李瓶儿的处境很艰难，五敌一。西门庆故意这样做给其他几个女人看，至少在表面看来，西门庆是不喜欢李瓶儿的。

但在没人看到的时候，两个人却又不是一般的好。

作者写道"相怜爱，倩人扶，神仙标格世间无。从今罢却相思调，美满恩情锦不如。"

西门庆的6个老婆中，他最对不起的人是李瓶儿，但他最喜欢的人也是李瓶儿。和李瓶儿同床的次数比其他5个加起来还多，这也是李瓶儿为什么能最先怀上宝宝的原因。

读《金瓶梅》最忌只看表面现象。西门庆凶狠地教训李瓶儿，是明的，是故意做出来给大家看的，因此实际上为"虚"，虚张声势而已（雷大雨小）。

而暗的，不容易被看到的才为"实"。

那么，西门庆暗中做的又是什么"实"事呢？那就是拿二太太李娇儿开刀（雷小雨大）。

欲知后事如何，且听下回分解。

29 西门庆捉奸

在《金瓶梅》中，武大郎捉奸失败之后，作者写道：“阳间没了捉奸人”。

但时隔一年多之后，就在西门庆娶了李瓶儿不久，又出现了一个捉奸人。这回的捉奸人，不是别人，正是西门庆。

西门庆在上一回扮演的角色是通奸人，而这一回却是扮演了武大郎的角色：捉奸人。

西门庆捉奸和武大郎有何不同，我们可以对比着来看。

话说有一天，西门庆的几个哥们喊他去妓院玩，一个兄弟道：“哥，咱们今天趁着下雪，只当是学学孟浩然踏雪寻梅。”一个兄弟道：“说的是。你每月出两万块钱包着她，你不去，落的她自在。”

他们哥几个说的这个人，就是李桂姐。

李桂姐是西门庆包养的情妇，前面讲过了的，无论西门庆去不去，每月20000块钱（二十两银子）的青春费是少不了的。在西门庆花钱包养的时间内，算他的“老婆”，若不出钱了，则和约自动解除。

西门庆原本是不想去的。

因为去了又要花不少的钱。（情妇、情妇的姐姐、情妇的母亲还有这帮兄弟们，都喜欢占他的便宜）。但被他们你一言我一句，说的还是去了。

来到李桂姐家，已是天色将晚。只见客位里掌着灯，丫头正扫地。

老妈妈（这老虔婆既是李桂姐的母亲，同时又是西门庆的姨姐）出来，见礼毕，请他们坐了，叫丫鬟上茶。

西门庆问道：“怎么桂姐不见？”

老虔婆道：“桂姐天天在家里等姐夫来，一直都不见姐夫你来。今天恰好是她五姨妈的生日，去她五姨妈家做生日去了，所以不在家。”

西门庆听了便说：“既是桂姐不在家，老妈快上酒来，俺们慢慢等她。”

这老虔婆就上了一大桌子的酒菜，款待西门庆。

众人正饮酒时，不妨西门庆往后边更衣去，忽听得有人笑声。

西门庆便走到窗下偷眼观觑——只见李桂姐正在房内陪着一个蛮子（南方人）饮酒。

原来这李桂姐就在家里。近日见西门庆不来，又私自接了一个客人，乃是杭州绸绢商丁老板的儿子丁二。丁二瞒着他父亲来嫖。嫖了两个晚上，给了李桂姐10000块钱，外加两套杭州名牌重绢衣服。

看来，这南方来的商人丁二，比起西门庆西老板更加有钱。

西门庆不由得心头火起，就要冲上去捉奸。

此时，西门庆正像当时的武大郎，李桂姐就象当时的潘金莲，丁二就像当时的西门庆。

当时西门庆与潘金莲通奸时，武大郎来捉，西门庆吓得气都不敢出，一翻身就钻入床底下躲起来了。

现在呢，丁二也是一样，慌得藏在床底下，只叫："桂姐救命！"比西门庆更胆小。

李桂姐也和潘金莲一样，事发时比男人胆子大、更镇静。

桂姐道："呸！好不好，这是常有的，不妨事，随他发作叫嚷，你休要出来。"

而西门庆的行为和武大郎则是完全不同。武大郎是冲进去要捉、要打。西门庆并没有。此时，西门庆只做了2件事：

1. 说。西门庆口口声声喊叫，定要揪出狗男女，用绳子绑起来。（是赔偿还是见官并没说。）

2. 做。西门庆把吃酒的桌子掀翻，碟儿、盏儿打得粉碎。叫手下四个小厮把李家的门、窗户、壁、床、帐都打碎了。"狠狠呼喝小厮乱打。"

最后，西门庆大闹一场，把李家娱乐城砸了个稀巴烂，上马回家去也。并且赌誓说，这一辈子再也不踏她门来了，你请我来，也不来了。

那么，西门庆为什么不把丁二揪出来？捆起来？而只是吓唬了一下？应该非常容易抓住啊，但他就是没有。

这就只有一种解释：西老板并不是真的想要捉奸。

因为他的真实意图是：砸了李家，再也不来了，这样就可以非常体面的节省下那每个月20000块钱的包养费。

从这以后，西老板就很少光顾妓院了。

不是说他突然之间就变好了，而是算经济账，长期花这个钱就不划算了。也许有的朋友会说，以西老板现在的实力，已经够强的了，每个月20000块钱都舍不得啊？

真的是舍不得这钱。

我们顺着原文往下看，作者用一首诗写出了西老板不嫖娼了，回家和老婆睡觉的真正原因：

宿尽闲花万万千，
不如归家伴妻眠。
虽然枕上无情趣，
睡到天明不要钱。

你看，说的是“不要钱”。

下面，再说说最后一个问题。西门庆不想要李桂姐了，是否一定要砸了李家妓院？如果不砸，西门庆依然还是可以揪住丁二说事，依然有理由就此甩了李桂姐。

可见，砸，与不砸，是一样的。都可以达到这一目的。但是，他偏偏不揪住丁二，却要去砸场子！不仅要砸，还要狠狠地砸乱，这又是出于何种居心呢？

上回我们说了，西门庆在娶了李瓶儿之后，就开始暗暗地打击家中原先最有实力的二太太李娇儿。

这李娇儿是李桂姐的姨妈。现在，西门庆大闹一通，跑去把李娇儿姐姐的场子给砸了！难道仅仅只是想甩了李桂姐吗？不止。应该还有“和李家断交”的意思。

李娇儿还有面子吗？她究竟会怎么想？

其他的女人们，在看到这个信号出现的时候，又开始了新一轮的计算。各自都做出了最新的应对策略。

30 西门庆家中的“英雄排座次”

西门庆的二太太李娇儿是实力派人物。

李娇儿是会计兼出纳。书上写道：“看官听说：家中虽是吴月娘居大，常有疾病，不管家事。只是人情来往，出入银钱，都在李娇儿手里。”

李娇儿掌管着西门家族的经济命脉。

早在《金瓶梅》第三回，李娇儿就已隐约出场，当时西门庆在王婆子家里，欲追求潘金莲，在他们的谈话中，就提到了李娇儿。

西门庆说：“为何小人要走了出来？在家里时，便要呕气。”

王婆子便夸奖潘金莲道：“大官人，休怪我直言，你先头娘子并如今娘子，也没这娘子这手针线，这一表人物。”

王婆子又说：“西老板，你和李娇儿却长久。”

西门庆回答道：“这个人（李娇儿）现今已娶在家里。若得她会当家时，自册正了她。”

西门庆和王婆子一递一句说了一回。

潘金莲虽没发言，三钟酒下肚后，哄动春心，却是都有意了，只低了头不起身。

从他们的对话中，潘金莲听出了什么呢？西门庆说，李娇儿虽然娶在家中，“若得她会当家时，自册正了她”。

潜意就是：若不会当家，就会换了她。

所以，潘金莲当时就有意了。

潘金莲会这样计算：如果西门庆真的看上了潘金莲，而李娇儿又不会当家的话，那么，潘金莲就有可能会取代李娇儿二太太的地位，接着，还可以“册正”，或许某一天就能成为西门家族中的大太太。

因为这种利益的驱使，潘金莲一定要嫁西门庆。

后来潘金莲真的嫁给了西门庆。紧接着，潘金莲就唆使西门庆打了四太太孙雪娥一顿。正在得意之时，冷不防被李娇儿唆使西门庆又打了自己一顿。

经过这一场较量，潘金莲吃了哑巴亏。而西门庆也一直没有再说过要换了李娇儿的话，家中的银钱出入，依然还是在李娇儿的手里。

那么，潘金莲只有审时度势，暂时屈居下风。

潘金莲的竞争目标是瞄准李娇儿。所以无论她们怎样争斗，大太太吴月娘并不理会。甚至，她们争斗得越厉害越好。

此时，西门庆家庭内部的派系，可以分成两派：

1. 旧派：李娇儿、孙雪娥。（原先家里的人。）

2. 新派：孟玉楼、潘金莲。（后娶的两个人。）

这两派，都是极力巴结讨好大太太吴月娘的。

但是，后来随着李瓶儿的到来，家中就发生了微妙的变化。

在李娇儿、孙雪娥、孟玉楼、潘金莲这四个人都还没有反映过来的时候，大太太吴月娘就最先预感到了严重的危机！

吴月娘这个人，在一般读者看来，她不怎么管事，也没什么心机。

但这只是表面现象。上面我们已经分析过了，她不管事，是因为对她还没有产生什么威胁。现在，当威胁出现的时候，她比谁都精。

以前，李瓶儿还住在西门庆隔壁的时候，西门庆经常翻墙过去约会，这只被潘金莲一个人看到，而另外的四个太太都不知道。

但是，在这四个不知情的人当中，吴月娘却是最先第一个产生怀疑的人！

话说以前的时候，西门庆与李瓶儿偷情之后，李瓶儿随手送了西门庆两副金簪，这两副金簪随即又被潘金莲勒索去了（封口费）。

有一天，李瓶儿初次来访。吴月娘看见潘金莲头上的金簪，心中开始有所疑虑，就试探着问李瓶儿：你与潘金莲的这对簪儿，是哪里打造的？样式很好，明日俺们也照样打一对戴。

李瓶儿道："大娘既要，奴还有几对，到明日每位娘都补奉上一对儿。此是过世老公公御前带出来的，外边哪里有这样范！"

这简单的几句对话有什么问题呢？说明了吴月娘惊人的洞察力！几句话就套出了她所怀疑的真相。

此时，李瓶儿是第一次来，与潘金莲从不相识！但两人却带着一样的金簪。而这金簪，在外面是没有这种样式的！

那么，李瓶儿与潘金莲究竟是什么关系？没有关系的。

那就只有一种可能——是通过西门庆！

恍然大悟的吴月娘很快就看出了其中的玄机。难道风流老公和这个邻家女人的关系不正常？他们该不会有一腿？

吃饭的时候，吴月娘的态度猛然转变，丢下客人就走了。

西门庆当然不知道是什么原因，还跑过去问她，今天晚上安排李瓶儿在哪里睡呀？吴月娘只差要当面戳破他了："要不，你去和她睡吧！"

西门庆忍不住笑，厚着脸皮道："岂有此理！"

当后来李瓶儿嫁过来的时候，西门庆故意虐待李瓶儿，做样子给大家看，吴月娘才稍消了些气。

但精明的潘金莲却发现西门庆只是"雷大雨小"。（不久又砸了二太太的场子）家庭的势力已经发生了微妙的变化。

于是，潘金莲毅然倒戈，率先靠向了李瓶儿这边。

此时，西门庆家庭内部的新旧两派，又可以分成三个级别：

1. 重量级：吴月娘、李瓶儿。

2. 中量级：李娇儿、孟玉楼。

3. 轻量级：孙雪娥、潘金莲。

李瓶儿虽然是最后来的，虽然只坐了第六把交椅，但她凭着她带来的巨额财富，就足以使得西门庆家上上下下的各色人员们刮目相看。

不说别的，单单只看李瓶儿身上穿的那件皮袄子，值多少钱？六十两银子！

再看看第一回吧，潘金莲十五岁时，卖给了张大户作丫头，是卖的多少钱呢？才三十两银子。（这还是非常高的，因为当时的丫头均价，只在六两或八两银子左右）

李瓶儿穿的一件衣服，就能值两个潘金莲的身价。

所以，这李瓶儿一旦嫁入了西门庆家，其锋芒就直逼大太太吴月娘！李瓶儿的实际地位，怎么说也得在二太太之上。

而原先的二太太李娇儿，已经很落魄了。她自觉得偃旗息鼓。

很明显，新派三人（李瓶儿、孟玉楼、潘金莲）的实力，已经盖过了旧派的三个人（吴月娘、李娇儿、孙雪娥）。

最后，这几个女人们各自都凑钱聚了一次豪华大餐（名誉上是请大太太）：

李瓶儿出了1250元（一两二钱五分），孟玉楼、潘金莲各出了500元（五钱）。李娇儿400元（砸了场子还要陪笑脸）、孙雪娥300元。

都是自愿出的，多与少，正好反映了她们的兴奋度（受宠状况）。

31 西门集团是如何壮大的？

西门庆原先只有父亲留下的五间卖药的门面，书中第一回写道：“虽算不得十分富贵，却也是清河县中一个殷实的人家。”在第三回中，王婆对西门庆说：“我知你从来悭吝，不肯胡乱便使钱。”

可见，最初的西老板，也并不是很有钱，只能算作中等家庭。

在大约两年左右的时间里，西老板巧发女人财，连娶了两个富婆之后，终于完成了资本的原始积累。

小富婆孟玉楼是个寡妇，布贩子杨老板之妻。杨老板死后，孟玉楼带着杨家的大笔财产嫁给了西门庆。

孟玉楼带来的嫁妆是：两张南京拔步床、头面衣服、首饰、绢绸之类，约有二十余担，和一些神秘的箱子。箱子里的现金为100万元的“人民币”。（现银子上千两）。

这是西门庆得到的收益，而西门庆的支出仅为10万。

从认识、相亲，到过门、娶进门，前后不到两个星期，西老板暴发女人财，获得的纯利，翻了10番！

大富婆李瓶儿，原是梁中书之妾，后嫁入花家，在与西门庆通奸之后，将花家大量财产都转移到了西门集团。

西门庆的这笔投入几乎为0，而获得的纯利润却是500万之巨！

那么，西门庆除了暴发女人财之外，他的经商才能究竟如何呢？那也是相当厉害的。我们从第十六回的一件小事可见一斑：

当时，西门庆正躲在李瓶儿家里幽会偷情。

下属玳安来寻西门庆，说有个外地客商来了，有大宗交易等着要做。让西门庆赶快回去处理。西门庆却没当回事，呆在李瓶儿家里不走。

玳安说："家中有三个川广客人，在家中坐着，有许多细货要科兑与傅二叔。只要一百两银子押合同，其余约八月中旬找完银子。大娘（吴月娘）使小的来请爹回家去，理会此事。"

西门庆不肯回去，吩咐道："教把傅二叔打发他便了。"

李瓶儿劝他说："买卖要紧，你不去，惹得他大娘不怪么？"

西门庆答道："你不知，贼蛮奴才，行市迟，货物没处发脱，才来上门脱与人。迟半年三个月找银子；若快时，他就张致（指拿架子，不肯降价）了。满清河县，除了我家铺子大，发货多，随问多少时，不怕他不来寻我。"

这一段，在一般学者看来，都是当做西门庆只顾玩乐、不管生意的"罪证"来看待的。

其实不然也！那只是表面现象。

西门庆不肯尽快回去处理这桩生意，并非只是贪恋李瓶儿，而是在与川广客人打心理战。

若回去快了，就会暴露出自己急切的意图，显得买卖有利可图，客人就不肯降价了。西门庆"店大压客"，自家本钱充足，能够吃下这批货，因此不怕卖方跑掉，一定要把价钱压到最低。他越是不去，别人急得就只会越要降价割肉！

“低买高卖”是获利的铁律，要想压低价格，最好的时机就是“乘人之危”，迫使对方就范。从而可以非常从容地以“最低价”吃足廉价货源。

这一桩买卖，不是现金交易，只需先付一百两银子（合人民币10万）“押合同”即可成交，余下的钱要到八月份才再结算。

因此，西门庆现在并不需要拿出全额的现金，就可以得到全额的货物。而压下的资金，又可以另做其他的商业周转，提高了资金的使用效率。

这一笔送上门来的买卖，足足让西门庆狠赚了一大笔。不明真相的人，却以为西老板只顾女人，连生意也不想做了。

西门庆前两年通过“暴发女人财”，完成了原始积累之后，从此便进入了资本的扩张期，开始了集团化经营之路。

书上写道：“西门庆自娶李瓶儿过门，又兼得了两三场横财，家道营盛，外庄内宅，焕然一新。米麦成仓，骡马成群，奴仆成行。”

经营范围，也从原先的药房，向其他行业进军，多样投资，多种经营。开始涉足金融业（当铺）。

那个时候，开当铺，可是个暴利行业。

西门庆在当铺的投资是：又新开了两间门面，“兑出二千两银子来”，二千两银子，合人民币约2000000元。

两百万啊，我们从这一笔投资本钱的分量，可以看出西门庆非常看好这一行业。而他对老本行药材的扩大投资则不明显。

因此，西门集团由原先“以物赚钱”的传统模式正在向“以钱生钱”的新型模式转型。

原先药店的傅伙计，工作能力较强，升他为两家公司的主管，督理生药、解当两个铺子，“看银色，做买卖”，成为药材、金融这两个部门的业务经理。

提拔了一个关系好、能力强的哥们——贲第传，为解当铺的会计，“贲第传只写帐目，秤发货物。”

女婿陈敬济为出纳，“陈敬济只掌钥匙，出入寻讨。”

三太太孟玉楼，成为西门集团药材公司的采购部经理。

五太太潘金莲这边楼上，堆放生药。保管着西门集团药材公司的仓库。

六太太李瓶儿那边楼上，厢成架子，搁解当库衣服、首饰、古董、书画、玩好之物。一日也当许多银子出门。成为西门集团解当铺的经理。

而二太太李娇儿，依然还是只管家事，没有参与经营。

这样一来，原先地位最为低下的潘金莲，在现在的实力上，其实已经混到二太太之上了。

西老板晋升为西总，西门集团的总裁。

32 解读《金瓶梅》：尊卑如何定位

尊卑，就是高下的意思。尊卑观念在封建社会根深蒂固。

不过，话又说回来，任何时候的人与人之间，都是有差异的，总不会一模一样。只要有差异，就可以根据差异进行排序，就可以区分出高下，就一定能够产生新的尊卑贵贱。

因此，理想中的人人平等是很难实现的。不力争上游者，注定生平下贱。

在古代“士农工商”四民中，读书的地位比种田的高，种田的地位比做工的高，做工的地位比经商的高。

西门庆是这四民中的哪一种呢？第一他没读什么书，第二家中没有半亩田土，第三又不想卖苦力做工。因此，西门庆是“商”这一类社会地位最低下的“末等人”。

封建社会，官民等级森严。当官的居于上位，为民的屈于下位。西门庆虽然是个“民”，却混得居然一点也不比当官的差。

在《金瓶梅》中，有个夏提刑，与西门庆私交甚好。

夏提刑为官，相对为“尊”，西门庆为民，相对为“卑”。但是，西门庆有时还能干涉夏提刑审案子。

西门庆在爆发了几场女人的横财之后，生意又越做越大了，他的能量已经远远盖过了夏提刑。他骑的一匹马，合现在人民币约一百多万，真算得上是“宝马”了，而夏提刑却骑不起这么贵的马，只有羡慕赞叹的份。

可见，真正决定“尊卑”的，还是实力。只要实力够强，卑贱的四等居民同样有条件尊贵起来。

下面，我们再来看看西总家里的情况：

家里的情况，其实就是一个浓缩的小型社会。这个浓缩的小型社会同样也是等级森严。

1. 最高级别的人是西门庆，西总。

2. 仅次于西总地位的，是他的六位太太。（其中，妻的身份又高于妾）

3. 又次者，是西总的女儿西门大姐、女婿陈敬济。

4. 再次着，是西总的贴身秘书，几个使唤的小厮和各位太太房里的一些丫头。

5. 最底层者，是其他普通的佣人与丫鬟们。

大体上可以分为以上这5个级别。

随着西门集团的发展与壮大，西总家里原先的“尊卑”等级也在悄悄地发生着变化。

新来的几个太太得势了，原先当家的二太太李娇儿则逐渐失势。

二太太李娇儿原来对付五太太潘金莲很容易的，一句话就能唆使西门庆打潘金莲一顿。但是现在，二太太还敌不过潘金莲手下的一个丫头春梅。

春梅虽是一个下人，但她是被西门庆“收用过了”的。和老板有关系之后，地位自然就不一般了。所以，处于第四等人的春梅，大着胆子向处于第二等人的李娇儿发起了攻击挑战！

话说二太太李娇儿有个弟弟，名叫李铭，音乐学院毕业的，精通音律，水平较高。

西总为了提高家里这些丫头佣人们的素质与品位，就把李铭聘来当家庭教师，教大家弹唱。

西总给李铭开的价钱是：每个月包吃包喝（一日三茶六饭），另有5000元的工资（五两银子）。

这一天，李铭在这边教演琵琶，潘金莲的丫头春梅正在听课。

书上写道：“春梅袖口子宽，把手兜住了。李铭把她手拿起，略按重了些。”

应该是一件再正常不过的事了。

岂知，这春梅突然怪叫起来，骂道：“好贼王八！你怎的捻我的手，调戏我？……”

李铭被吓了一跳，惊得两个眼睛大大的，不知道说什么好。

春梅还不罢休，又接着骂道：“贼少死的王八，你还不知道我是谁哩！……”

一句“你还不知道我是谁”，高傲的姿态就出来了，是在说我现在是西总的女人，你算个老几？

又接着骂道：“平白捻我的手来了。贼王八，你错下这个锹撅了。你问声儿去，我手里你来弄鬼！爹来家等我说了，把你这贼王八，一条棍撵的离门离户！没你这王八，学不成唱了？愁本司三院寻不出王八来？撅臭了你这王八了！”

被她千王八，万王八，乱骂了一通！

李铭是什么态度呢？他一句话也没说，“拿着衣服，往外走不迭。”也没做任何争辩，就这样默默地走了。

然后，春梅又到后边来，对潘金莲、孟玉楼、李瓶儿几个，无中生有、添油加醋地说了一遍：

“那王八见旁边没人，就来摸我的手，他吃的醉醉的，看着我痴痴呆笑。见我吆喝骂起来，他就夹着衣裳往外走了。刚才应该打那贼王八两个耳刮子才好！贼王八，你也看个人儿行事，我不是那不三不四的邪皮货，教你这个王八在我手里弄鬼。我把王八脸打绿了！”

大家听了都纷纷叫好。

潘金莲又对西门庆都说了，西门庆就把李铭辞退了，吩咐今后休放进李铭来走动。

而那个老实巴交的李铭，从此再也不敢上门，也没向谁辩解，就这样自此断了路儿。

春梅赶走李铭的动机，就是明目张胆地挑衅二太太。

因为春梅得意洋洋地说道：“他仗着他是二娘的兄弟。哪个怕他！二娘莫不挟仇打我五棍儿？”

可见，这丫头春梅已不把二太太放眼里了。

而二太太对该事件也没发表任何看法，就此沉下去也。

奴仆得势，可以欺主。主子失势，就只有忍受奴仆的欺辱。封建等级制度根本就保护不了的。可见，真正决定一个人“尊卑”的，既不在于表面的等级制度，也不在于你是好人坏人，而是取决于内在的实力对比。

33 古代女装流行什么款式

在西门集团最底层的“打工族”中，有一个叫宋蕙莲的女人，24岁，生得白净，爱打扮。

作者说她是个“坏家风的领袖”。才来了一个月，就把西总吸引住了。

书上写道：初来时，还没什么装饰，因看见玉楼、金莲打扮，她便模仿，把[鬏]髻垫的高高的，头发梳的虚笼笼的，水[鬓]描的长长的，在上边递茶递水，被西门庆睃在眼里。

宋蕙莲是个很喜欢追求时尚的女性。西门庆看上了她，就找了个理由，把她的老公（来旺儿）调到杭州去出差半年，自己则好“安心早晚要调戏他这老婆”。

话说这一天，西门庆的三太太孟玉楼过生日。

西门庆因看见宋蕙莲身上穿着红绸对襟袄、紫绢裙子，在席上斟酒，便问玉箫（大老婆房里丫头）道："那个是新娶的来旺儿的媳妇子蕙莲？怎的红袄配着紫裙子，怪模怪样？到明日对你娘说，另与他一条别的颜色裙子配着穿。"

玉箫一脸的不高兴，说："这紫裙子，还是问我借的。"

这一段中，西门庆说，红袄配着紫裙子，是怪模怪样的。这究竟是怎么一回事呢？

下面，我们就先回到第十五回，来看看过元宵节时，西门庆的几个太太的穿着打扮，有何讲究：

吴月娘穿着大红妆花通袖袄，娇绿缎裙，貂鼠皮袄。

李娇儿、孟玉楼、潘金莲都是白绫袄，蓝缎裙。

李娇儿是沉香色遍地金比甲，孟玉楼是绿遍地金比甲，潘金莲是大红遍地金比甲，头上珠翠堆盈，凤钗半卸。

这四个女人的穿着，我们今天看起来，真不知道具体是啥样子的。

但在当时，一定是最时尚的。因为已经吸引了许多路人的猜测。

一个猜："一定是那公侯府里的"；

又一个猜："是贵戚王孙家艳妾，来此看灯。不然如何内家妆束？"

从一个人的穿着档次，基本上可以对其身份的高低估出个大概来。尤其是古代，比现代更容易估准。

因为现代服饰，只要你买得起的，就都能穿。而在古代，许多服饰的颜色、款式，是要受到官方限制的。你的身份不够，就不允许你越级穿！

据《明史·舆服志》，官方对服饰制定的阶级限制是：民间妇女，不能穿大红色衣裳。她们只能"紫，不用金绣；袍衫止紫、绿、桃红及诸浅淡颜色，不许用大红、鸦青、黄色。"

吴月娘穿的"通袖袄"是明代官太太在礼仪场合才穿的服饰，又是“大红”，以商人太太的身份是不能穿的，这种打扮显然是一种僭越。若追究起来，那可是要记大过一次的。

所以路人们都猜不准，以为她是个官太太。

除了吴月娘之外，其他妻妾穿的金比甲(类似马甲)，艳丽的色彩，无一不是游走在容许尺度的边缘。大家都有不同程度的僭越。

尽管大家都有违规，但在大老婆和小老婆之间，僭越尺度的大小，还是要遵守妻妾间的等级的。

这5个老婆中，潘金莲身份最低，穿的是“大红”金比甲，仅次于大老婆。因此，潘金莲在这5人内部，又算是越级了。

逾越与叛逆，乃是“时尚”的密码。直到今天，依然通用。

游走于制度边缘的，别人都不敢穿的服饰，才是最抢眼，最时尚的服饰。

这也是现代女装为什么用料越来越少的缘故。我们甚至可以极端地说，在任何时代，总是美女穿着大众不敢穿的服饰在引导新的潮流。

闲话休提。当时西门庆说，那个新来的打工的，宋蕙莲，穿的怪模怪样。现在就比较好理解了，因为她是一个身份最低的下人，在主人太太过生日的时候，大厅广众之下，竟敢穿红袄子晃来晃去。

上面穿的是红袄子，用红色，明显的是越级了——僭越。而下面配的是紫裙子，紫色，是允许使用的正常颜色。

按说，宋蕙莲只需要把红袄子换了，一切就正常了。

但是，西门庆是这样说的：“怎的红袄配着紫裙子，怪模怪样？到明日对你娘说，另与她一条别的颜色裙子配着穿。”

注意：没叫她换僭越的红袄子，却叫她换下没僭越的紫裙子。

什么意思呢？这只能说，西门庆对宋蕙莲穿红袄子的僭越行为是认同的。否则，他会叫她把红袄子换了。但是，西门庆却叫“另与她一条别的颜色裙子配着穿”。

西门庆认为，是那条紫裙子配不上她的红袄子。这样岂不就更加“僭越”了吗？

宋蕙莲在家中的地位是：普通佣人来旺儿的老婆，最低级别的身份。而玉箫是大太太房里的丫头，玉箫的身份，要比宋蕙莲高出一个级别。

但现在，在西门庆的眼里，宋蕙莲的身份显然已经越居玉箫之上了。

所以，玉箫才说了这样半句话：“这紫裙子，还是问我借的。”充满了羡慕、妒忌之情，似乎后面还有话没说完。

因为玉箫借给蕙莲的这件紫裙子，在丫头级别中，已经是相当高的了。西门庆却叫给蕙莲一匹蓝缎子做裙子。

蓝缎裙，是李娇儿、孟玉楼、潘金莲等人在第十五回过元宵节时的标准打扮。是“妻妾”级别的女人才能够穿的衣服。

宋蕙莲一步登天啊，玉箫的心里，当然就不怎么舒服了。

34 男上司与女下属

《金瓶梅》第二十二回写道：“一日，吴月娘往对门乔大户家吃酒去了。约后晌时分，西门庆从外来家，已有酒了，走到仪门首，这蕙莲正往外走，两个撞个满怀。”

从这一段中可以看出，西门庆吃了酒，从外面回来，而他的老婆又到别处应酬吃酒去了。

可见，西总的应酬较多，日常工作其实还是比较繁忙的，在时间上当然就少了一些闲情雅致。

现在，西门庆与宋蕙莲“两个撞个满怀”。

“撞个满怀”，这一招，是被西门庆用滥了的。

前面领教过几次，他接下来的套路动作就应该是：很自然的、很有涵养的“忙向前深深作揖”，把腰弯成90度。这样就能立刻获得女性的好感。

但是，这一回他没有。西门庆变了招，书上接着写道：

西门庆便一手搂过（宋蕙莲）脖子来，就亲了个嘴，口中喃喃呐呐说道："我的儿，你若依了我，头面衣服，随你拣着用。"那妇人一声儿没言语，推开西门庆手，一直往前走了。

这是西门庆在追求异性生涯中，生平第一次如此粗糙、如此下流的做法，没有一丁点技术含量。

简单的乏味。

是西门庆的水平下降了吗？应该不是的，只能说，西门庆完全没把她当人看，根本不存在尊重一说。就是一个可以买到的工具。

西门庆的这个动作是很欺负人的，玩宋蕙莲不需要任何技术。

然后，西门庆叫人送了一匹蓝缎子到她屋里。

"蓝缎子"的诱惑对于宋蕙莲来说实在太大了，她就一口答应了。

这是西门庆追求异性最简单、最便宜的一次，就一匹蓝缎子布，从来没有花过这样少的钱。

廉价的性爱，就只能换得廉价的物品。

宋蕙莲在与西门庆通奸之后，西门庆兑现了自己的诺言。不仅兑现了，而且还很大方。

按交易之初，西门庆开的价"头面衣服，随你拣着用"计算，其实已经远远超额支付了。西门庆实际上除了给了她许多衣服、首饰、香茶等等廉价物品之外，还又额外的另给了她一些零花钱。

并且，又迅速提升她的职务。书上写道：

"西门庆又对月娘说，她做的好汤水，不教她上大灶，只教她和玉箫两个，在月娘房里后边小灶上，专顿茶水，整理菜蔬，打发月娘房里吃饭，与月娘做针指，不必细说。"

这样一来，宋蕙莲的地位由原先的最底层，迅速上升到和玉箫同等的位置上了。

西门庆对她还算够意思吧。

开始，宋蕙莲的胆子还很小，西门庆送给她一匹蓝缎子的时候，她是又喜欢又害怕，说道：“我做出来，娘见了问怎了？”

想得到的蓝缎裙，得到了，她却不敢穿！

但是不久，胆子就渐渐大起来了。西门庆私下给她的银子虽然数目不详，但她仅带在身上花的就是成两成两的，两就合人民币1000元，平时随身携带的零花钱，少说也有几千块！

而且，宋蕙莲变得越来越招摇显摆，“在门首买花翠胭脂，渐渐显露，打扮的比往日不同。”也不怕人问她了。

胆子最大的一回，竟然直接就在吴月娘的眼皮子底下与西门庆偷情。只一盏茶的工夫。

话说那一天，正是在过年期间，日期：正月初十。

西门庆的几个老婆全都在六太太李瓶儿房里聚会，吃酒，玉箫和宋蕙莲两个在吴月娘身旁伺立着斟酒。

宋蕙莲当时就瞅了个机会说，我到后边端盏茶来给你们吃。

然后，这宋蕙莲就照直走到后边吴月娘的房里来。

一进到房里，只见西门庆正坐在椅子上吃酒。这宋蕙莲走向前，一屁股坐在他怀里，两个就亲嘴咂舌做一处。

你看这宋蕙莲，好大的胆！

完事后转来，吴月娘还问她，怎么你这个茶端了这么久啊。

之前，那些碎银子零花钱都是西门庆自愿给她的。后来，就是她主动索要了。再后来就发展成了见面就要钱。

“西总，你有香茶没？再给我些，前日给我的都没了。”

“西总，我还差薛嫂的几钱花儿钱，你有银子没？再与我些儿。”

西门庆就说，我口袋里还有些零钱，你拿去。一次就是一千多。

“西总，你怎的只顾端详我的脚？你看，象我这没双鞋儿的，哪个买与我双鞋儿也怎的？”

西门庆就说，不打紧，到明天替你买几双。

最后，发展成了什么样子呢？

书上说“因和西门庆勾搭上了，越发在人前花哨起来，常和众人打牙犯嘴，全无忌惮”。在门口买胭脂、买花、买瓜子，都不避嫌，“甚至瓜子儿四五升里进去，分与各房丫鬟并众人吃。”

在家里也和太太们一样了，指挥小厮干活，她吃的瓜子壳吐一地，叫小厮们扫，俨然已经把自己当成西门庆的老婆了，西门庆的几个老婆在一起打牌，她就在旁边“你打错了”，“你输了”的，指手画脚。

宋蕙莲的打扮，已经时尚的过分了：头上治的珠子箍儿，金灯笼坠子，满脑壳都是戴的“黄烘烘”的。衣服底下穿着红绸裤儿，线捺护膝。又大袖子袖着香茶、香桶子三四个，带在身边。

现在，她这个下人，每天的花消，按最低的算都是300元人民币（三钱银子）。

男老板追求女下属，在开始阶段的确很简单，很便宜。

但没想到的是，后来会越来越复杂，越来越昂贵。

按西门庆的原意，只是仗着有钱想寻找下刺激。但是现在，却给他出了一个新的课题。宋蕙莲会不会向他要名分呢？会不会也想当他的太太呢？

所以《金瓶梅》的作者警告道：

看官听说：凡家主，切不可与奴仆并家人之妇苟且私狎，久后必紊乱上下，窃弄奸欺，败坏风俗，殆不可制。

开始固然没什么事，但“久后”，将会变得无法控制。

35 酷似潘金莲的女人

和西门庆通奸的女佣人宋蕙莲，其实就是潘金莲的翻版。

宋蕙莲从一出场时，就和潘金莲扯上了关系，因为她原先的名字也是叫“金莲”（宋金莲）。

吴月娘见她叫金莲这个名字，和五太太的一样，不好称呼，才把她改名为“蕙莲”的。

我们再看她的长相：“生的白净，身子儿不肥不瘦，模样儿不短不长，比金莲脚还小些儿。”

潘金莲的特征就是因脚最小而得名，现在，这个宋蕙莲的特征也是脚小，比潘金莲的还小些。

性格：“性明敏，善机变，会妆饰，就是嘲汉子的班头，坏家风的领袖。”这一点和潘金莲也极为相似。

下面，我们再来看看宋蕙莲的身世：

先卖在蔡通判家房里使唤，后因坏了事（不正当关系）出来，嫁给厨役蒋聪为妻。来旺儿到蒋聪家里去，看见这个老婆，两个吃酒刮言，就把这个老婆刮上了。一日，这蒋聪和一般厨役分财不均，酒醉厮打，动起刀杖来，那人把蒋聪戳死在地，便越墙逃走了。来旺儿请吴月娘使了五两银子，两套衣服，四匹青红布，并簪环之类，娶与他为妻。

如果把她的身世和潘金莲做个比较，你会发现惊人的相似！

潘金莲在张大户家做女佣，和张大户发生关系后，“坏了事”，被赶了出来。而宋蕙莲是在蔡通判家做女佣，和蔡通判发生关系后，“坏了事”，被赶了出来。

接着是，潘金莲嫁给了一个卖炊饼的，宋蕙莲则嫁给了一个做厨役的。

再接着就是，西门庆看上了潘金莲，两个吃酒刮言；来旺儿看上了宋蕙莲，两个吃酒刮言。

然后：西门庆就把这个老婆（金莲）刮上了；来旺儿也把这个老婆（蕙莲）刮上了。

最后就是：潘金莲的男人凶死了，潘金莲嫁给了来偷情的西门庆；而宋蕙莲的男人也凶死了，宋蕙莲也嫁给了来偷情的来旺儿。

这样一看，西门庆的家里其实已经有了两个“潘金莲”。这两个“潘金莲”究竟能不能和睦相处呢？

先看潘金莲：

潘金莲是100%的容得下宋蕙莲。

因为西门庆与宋蕙莲偷情的时候，潘金莲不仅提供了自己的房子，还帮他们隐瞒得严严实实的。

潘金莲深知这样一个道理：“十个老婆买不住一个男子汉的心”。与其作对还不如讨他喜欢。

所以潘金莲掩护西门庆与春梅偷情，掩护西门庆与李瓶儿偷情，掩护西门庆与宋蕙莲偷情。

这也是西门庆为什么一直喜欢潘金莲的原因。

而宋蕙莲就没这份心机了，在宋蕙莲眼里，六个太太中，还只有潘金莲的出身最卑微，和自己是一样的，凭什么她当主子我当仆？我哪一点比她差了？我处处都比她强啊！

所以，潘金莲就成了宋蕙莲的“靶子”，攻击目标，取代对象。

话说这一日，宋蕙莲与西门庆通奸，潘金莲躲在外面偷听。

只听得宋蕙莲说道：“我拿甚么比她！”（指和潘金莲比）。又说：“昨日我拿她的鞋略试了试，还套着我的鞋穿。”

意思是，宋蕙莲套着鞋还可以穿潘金莲的鞋，脚更小，也就意味着比潘金莲更有优势。

潘金莲在外面听了，火冒三丈：“这个奴才淫妇！等我再听一回，她还说什么。”

只听宋蕙莲问西门庆：“你家第五的秋胡戏，（秋胡戏，戏称潘金莲），你娶她来家多少时了？是女招的，是后婚儿来？”

西门庆道：“也是回头人儿。”

蕙莲说：“嗔道恁久惯牢成！原来也是个露水夫妻。”

这金莲不听便罢，听了气得两只胳膊都软了，半日移脚不动：“若教这奴才淫妇在里面，把俺们都吃她撑下去了！”

对于宋蕙莲的攻势，潘金莲不是反攻，而是警告。走到角门首，拔下头上一根银簪儿，把门倒销了，也让她知道。

第二天，宋蕙莲起来开不了门，后见了金莲的簪儿，才知道她来过。

金莲对于蕙莲的挑战，是宽容的，更没有说要制她于死地，只是不许她搬弄是非。“汉子既要了你，俺们莫不与争？不许你在汉子跟前弄鬼，把俺们踩下去了，你要在中间踢跳……”

宋蕙莲当时被吓怕了，当即跪在地上表态道：“娘是小的一个主儿，娘不高抬贵手，小的一时儿存站不的。小的还是娘抬举多，莫不敢在娘面前欺心？随娘查访，小的但有一字欺心，到明日不逢好死。”

潘金莲的要求其实不高，大家只要能和睦相处就行了。因为蕙莲并不是金莲的竞争目标，蕙莲仅仅只是金莲的一个工具。西门庆与蕙莲通奸，潘金莲提供场所、放风，就能从中受益。

宋蕙莲后来也确实老实了一段时间，在潘金莲的面前表现得服服帖帖的。大家一切照旧，倒也相安无事。

但是不久，宋蕙莲的老公来旺儿从杭州出差回来了。来旺儿的出现，使得局面发生了变数。

这来旺儿，不是武大郎。

我们可以回想一下，武大郎在知道老婆与西门庆有奸情后的窘态，几乎是哭着同意了他们的不轨。

来旺儿呢，他打了把刀子，回到家里，喝了些酒，照宋蕙莲脸上就是一拳，然后又叫道：

“西门庆！你欺人太甚！我教你白刀子进去，红刀子出来！”

欲知西门庆性命如何，且听下回分解。

36 咬人的狗儿不露齿

“咬人的狗儿不露齿”是宋蕙莲无意间说出的。(《金瓶梅》第二十六回)。

这句话应该是个民间俗语，其本意有两层意思：

1. 会咬人的狗，一般不怎么叫。

2. 会叫的狗，一般不怎么咬人。

来旺儿在杭州出差期间，他的老婆被上司西门庆刮上了，来旺儿回来后，叫嚣着要杀了西门庆：

“我教他白刀子进去，红刀子出来。好不好，把潘家那淫妇也杀了，也只是个死。你看我说出来做的出来……”

不料，来旺儿还没有行动，话就已经传到了西门庆的耳朵里。

西门庆便在背地里询问了相关的一些人员之后，决定设计坑害来旺儿。

西门庆叫过来旺儿："你收拾衣服行李，赶明日三月二十八日起身，往东京央蔡太师人情。回来，我还打发你杭州做买卖去。"这来旺儿心中大喜，应诺下来，回房收拾行李。

就这短短的几句话，把个来旺儿鄙得一钱不值了！

因为西门庆对他说了两件事：

1. 去东京一趟；

2. 回来后还去杭州。

这两件事都是安排他出门。

安排他出门，就意味着西门庆还有可能要继续干他的老婆，来旺儿就是因为这，才大骂的西门庆啊。

但是现在，这来旺却是"心中大喜"。那么，他究竟是在喜什么呢？

可见，安排他出门，一定是有油水可捞的。有多大的油水呢？至少应该有"大过戴绿帽子的油水"。

所以，当一听说还要安排他再出两次远门的时候，他就不骂西门庆了，反而是心中大喜。

昨天还是血气方刚的汉子，今天看在钱的份上，就可以迅速软了下来。

谁知次日西门庆变了卦。

西门庆对来旺儿说："我夜间又想了想，你才从杭州回来不久，再叫你到东京去，太辛苦了，不如叫来保替你去吧。你暂且先在家里多休息几天。"

来旺儿只得应诺，回到家中，心中大怒，喝多了酒，醉倒在房里，口内又胡说起来，要杀了西门庆。

你看，当听说不安排他出差（捞油水）的时候，他就又要杀西门庆了。

见利则喜，失利则怒，来旺儿是个什么样的人，已经很清晰了，他这一喜一怒的心情，太容易被人看透了。

而西门庆则是从头到尾没有丝毫的表情。

作者在描述这一大段的时候，既没刻画西门庆的面部表情，也没刻画他的心理活动。很平静地应付着，很平静，反而更加突出了西门庆的狡诈多端。

来旺儿说的“你看我说出来做的出来”，其实没做出来；而西门庆要做的事，却自始至终没透露一丁点。

正所谓：会叫的狗不咬人，会咬人的狗不叫。

这一天，西门庆把来旺儿叫到近前，桌子上放着六包银两。

西门庆说道：“你一向杭州来家辛苦。教你往东京去，恐怕你蔡府中不十分熟，所以教来保去了。今日这六包银子三百两，你拿去搭上个主管，在家门首开个酒店，月间寻些利息孝顺我，也是好处。”

那来旺儿连忙趴在地下磕头，领了六包银两。

三百两，合人民币30万元。

这是给来旺儿独立经营的。这意味着：来旺儿可以不用当他的下属了，可以成立自己的酒店，可以和西门庆一样自己当老板了。只需要每月还些利息给西门庆就行了。

来旺儿当然就“连忙趴在地下磕头”，然后又回到房中，先在老婆面前炫耀一番后，再到街上招聘主管去了。

由于没招到合适的人，来旺儿吃醉了回到家里。老婆宋蕙莲打发他睡了。

这时，玉箫走过来，把蕙莲叫到后边去了。

来旺儿正朦朦胧胧睡着，忽听得窗外隐隐有人叫他：

“来旺哥！还不起来看看，你的媳妇子又被那没廉耻的勾引到花园后边，干那营生去了！”

来旺儿猛可惊醒，不见老婆在房里，不觉怒从心上起，忙跳起身来，开了房门，迳扑到花园中来。

不防黑影里抛出一条凳子来，把来旺儿绊倒，四五个小厮大叫：“有贼！”一齐向前把来旺儿捉住了。

来旺儿还说：“是我，如何把我拿住了？”

这一段故事，和《水浒传》里的“张都监捉武松”一案极其相似。接下来的，还是那个老套路：

大厅上灯烛荧煌，西门庆大怒道：“众生好度人难度，我叫你领三百两银子做买卖，如何夜里要来杀我？不然拿这刀子做什么？”

喝令左右：“与我押到他房中，取我那三百两银子来！”

众小厮打开箱子，取出六包银子，拿到厅上。西门庆灯下打开观看，内中只有一包银两，其余的都是锡铅锭子。

西门庆大怒：“如何抵换了！我的银子哪里去了？趁早实说！”

那来旺儿哭道：“您抬举小的做买卖，小的怎敢欺心抵换银两？我真的是不知道啊！”

西门庆道：“你打下刀子，还要杀我。刀子现在，还要支吾什么？”叫把来旺儿绑了，写了状子，赃证刀杖明白，押去见官，送到提刑所去了。

大老婆吴月娘再三向西门庆劝解道：“奴才无礼，家中处分他便是了。又要拉出去，惊官动府做什么？”

西门庆听言，圆睁二目，喝道：“你妇人家，不晓道理！”

西门庆把来旺儿押往提刑院，又送了一百石白米（隐语，暗指行贿时送的银子。说银子不好听，便改说是白米。）给夏提刑、贺千户。

二人受了礼物，看了呈状，案情明白：来旺儿先因领银做买卖，见财起意，抵换银两，恐家主查算，夤夜持刀突入后厅，企图谋杀家主。

夏提刑大怒："满天下人都象你这奴才，也不敢使人了。"喝令左右选大夹棍上来，把来旺儿夹了一夹，打了二十大棍，打得皮开肉绽，鲜血淋漓。吩咐狱卒，带下去收监。

欲知来旺儿性命如何，却听下回分解。

37 解读《金瓶梅》：贞节是什么？

《金瓶梅》第二十五回，西门庆的六个老婆在一起荡秋千。

那潘金莲荡在秋千上咯咯地笑。

大太太吴月娘道："六姐，你在上头笑不打紧，只怕一时滑倒，不是耍处。"

说着，不想那画板滑，又是高底鞋，只听得滑浪一声把金莲擦下来，险些跌着。

月娘道："我说六姐笑的不好，只当跌下来。这打秋千，最不该笑。"然后，月娘就向大家讲了她小时候做女儿时的一个故事：

隔壁周家的花园里有一座秋千。一日，周小姐和我们三四个女孩儿，都在一起打秋千玩耍，也是这样笑的，把周小姐滑下来，骑在画板上，把身子喜抓去了（即：把处女膜跌破了）。后来嫁给人家，被人家说不是处女，便被赶回家来了。所以啊，今后打秋千，先要忌笑。

从这里可以看出：贞操，对于一个古代的女人来说，多么重要。

但也并不完全如此。

我们只要看看西门庆的喜好，便会发现西门庆其实并不太重视什么贞操不贞操的。

因为西门庆的大太太吴月娘，嫁过来时，就是个处女，而西门庆却并不是很喜欢她。

再看四太太孙雪娥，100%的是个处女，偏偏西门庆最不喜欢的就是她，还经常狠狠地打她！

我们再来看五太太潘金莲，以前有过两次婚史（张大户、武大郎）；

还看六太太李瓶儿，以前有过三次婚史（梁中书、花太监、花子虚）。

偏偏，西门庆最喜欢的，却是李瓶儿和潘金莲这两个人。

贞操真的很重要么？不能说是，也不能说不是，很难说得清楚。说到底，关键还是要取决于男人的喜好。

下面，我们再来看宋蕙莲。

宋蕙莲的老公来旺儿已经被西门庆设计关到提刑所里去了，当时，宋蕙莲向西门庆求情，放过来旺儿。

西门庆虽然口里答应了，却又吩咐家中小厮："铺盖、饭食，一点儿都不许给他（来旺儿）送进去。如果他被官府打了，回来也别对你嫂子说，只说衙门里一下儿也没打他，关几天便放他出来。"

一日，西门庆走来，蕙莲在檐下叫道："房里无人，进来坐坐不是！"

西门庆进入房里哄她说道："我儿，你放心。我看在你的面上，写了帖子对官府说了，也不曾打他一下儿。关他几天，还是要放他出来的，我还叫他做买卖。"

宋蕙莲搂抱着西门庆的脖子，说道："我的亲达达！你好歹看奴之面，奈何他两日，放他出来。随你教他做买卖不教他做买卖也罢，随你去近到远使他，他敢不去？再不你若嫌不自便，替他寻上个老婆，他也罢了。我常远不是他的人了。”

西门庆道：“我的心肝，你话是了。我明日买了对面乔家的屋，收拾三间房子给你住，你搬到那边去，咱们两个自在顽耍。”宋蕙莲道：“着来，亲亲！随你张主便了。”

但是，西门庆又反写帖子送与夏提刑，叫夏提刑限三日提出来，一顿拷打，拷打的通不像模样。监狱上下，都受了西门庆财物，“只要重不要轻”。

最后，把来旺儿打得稀烂，戴了枷，钉了扭，上了封皮，限即日起程，被发配到徐州去了。

宋蕙莲终于还是知道了，在房里放声大哭，哭了一回，悬梁自缢。

这是宋蕙莲第一次闹自杀。

那么，宋蕙莲究竟为什么要自杀呢？

按表面文字，是因为西门庆设计迫害了她男人，所以她就自杀了。

但事实上完全说不通。因为前不久，她还对西门庆说：“你若嫌不自便，替他寻上个老婆，他也罢了。我常远不是他的人了。”（现在，来旺儿被发配走了，她正好可以成为西门庆的人。）

可见，并不是因为西门庆赶走了她男人，她就要寻死。更何况，她跟她男人的时间，还没有跟西门庆的时间长。

还有一种说法，就是在找不到原因的时候，往往都归结到是万恶的封建社会害死了她。

这种说法实在可笑，封建伦理可以逼死无数良女，也逼不死她，因为小说在写她自杀之前，偏偏先这样写一段：

“说毕，两个闭了门儿。原来妇人（宋蕙莲）夏月常不穿裤儿，只单吊着两条裙子，遇见西门庆在那里，便掀开裙子就干。”

你看这个宋蕙莲，她眼里还有封建伦理吗？

那么，宋蕙莲究竟为何突然之间就要闹自杀上吊呢？

那就只有一种解释：假的，她在假装“贞节”。

故意做出来给西门庆看的，表明自己的心，是一个很“专一”的女人。（先放声大哭后再上吊，自有人救她。）

因为她先对西门庆说“你若嫌不自便，替他寻上个老婆，他也罢了。我常远不是他的人了。”

紧接着，当西门庆说要为她买房子，她就又将随身的“白银条纱挑线香袋儿”（上面绣着“娇香美爱”四个字）送给了西门庆。“喜的心中要不的，恨不的与他誓共死生。”

现在，来旺儿被赶走了，宋蕙莲无缘无故地就突然变的“专一”起来，要寻短见，不是在假装“贞节”，又是什么？！

所以，不明真相的吴月娘说她：“原来是个傻孩子！”（吴月娘认为她没理由走这条路啊）

知道真相的玉箫却是这样说她：“宋大姐，你是个聪明的……，往后，贞节轮不到你身上了。”

那蕙莲听了，只是哭泣，每日粥饭也不吃。

现在，她只有继续装下去了。西门庆又叫潘金莲来劝她，也不依。

金莲恼火了，对西门庆说：“贼淫妇，她一心只想着她的汉子，千也说一夜夫妻百夜恩，万也说相随百步也有个徘徊意，这等贞节的妇人，却拿什么拴的住她的心？”

看来，潘金莲似乎多少有点相信了蕙莲是个“贞节的妇人”。

然而，西门庆在听说了之后，哈哈笑道：“你休听她摭说，她若早有贞节之心，当初只守着厨子蒋聪（前夫），不嫁来旺儿了。”

西门庆说她是“摭说”。摭说，就是假的，假装的。

贞节就是这样装出来的，能瞒多少是多少。

你看，总还是有人相信吧。

反正西门庆是不相信的，因为西门庆再也不叫人劝她了，愿意装，就继续装吧。

38 《金瓶梅》中最不值钱的一条人命

一日，宋蕙莲与四太太孙雪娥吵架。

孙雪娥大怒，骂道："好贼奴才，养汉淫妇！如何大胆骂我？"

走向前，就是一嘴巴，打在宋蕙莲脸上，打得满脸通红。于是，宋蕙莲一头撞将去，两个就互相揪住扭打在一处。

仆人和主人打起架来了！慌得众人都来劝解，把雪娥拉走后，两个还骂不绝口。

大太太吴月娘走来，见蕙莲的头发都被揪乱了，便说道："还不快梳了头，往后边来哩！"

蕙莲一声儿不答话，走到房内，倒插了门，哭泣不止。可怜这妇人忍气不过，寻了两条脚带，自缢身死，亡年二十五岁。

这是宋蕙莲第二次闹自杀，真的死了。

那么，宋蕙莲之死，究竟谁是真凶呢？关于这个问题，猜测很多，有说是潘金莲害死了她，有说是西门庆害死了她，更有说是"封建伦理"害死了她。

这些都不完全是的，我们不妨推理一番：

首先，杀死宋蕙莲的第一凶手，就是她自己，因为她是自杀的。

她为什么要自杀呢？因为和孙雪娥怄气。因此孙雪娥有一定的连带责任，属于第二层次的间接凶手。

她为什么要和孙雪娥怄气？再往前细推，原来是潘金莲在作怪。书上写道："这潘金莲见西门庆留意在宋蕙莲身上，乃心生一计。在后边唆调孙雪娥……走到前边，向蕙莲又是一样话说，说孙雪娥怎的后边骂你……。说的两下都怀仇恨。"

由于潘金莲的挑唆，导致了孙雪娥和宋蕙莲打架，因此潘金莲也脱不了关系，属于第三层次的间接凶手。

潘金莲为何要挑唆？乃是因为西门庆有可能要娶宋蕙莲为七太太，潘金莲只是出于女人的本能而已。

潘金莲说："真个由他，我就不信了！今日与你说的话，我若教贼奴才淫妇（宋蕙莲），与西门庆放了第七个老婆，我不喇嘴说，就把潘字倒过来！"

除了潘金莲外，还有孟玉楼等一家上下，似乎都对宋蕙莲有敌意。人人都看了她不顺眼，难道大家都是帮凶了不成？

细细研究每一个相关的人员，发现大家都只是讨厌她，却并没有任何一个人想存心制她于死地。

西门庆的目的，是想得到宋蕙莲，想长期霸占她；在行为上有欺骗她的行为发生，有坑害她老公的行为发生。但是没有制她于死地的意愿与行为。

潘金莲的目的是，允许宋蕙莲以下人的身份与西门庆保持不正当关系，但绝不允许宋蕙莲成为七太太，与自己平起平坐。在行为上有挑拨她人制造矛盾的行为发生。但是没有制她于死地的意愿与行为。

孙雪娥尽管和宋蕙莲打了一架，但是仍然没有制她于死地的意愿与行为。

也就是说，没有一个旁人应该对宋蕙莲的死直接负责。

许多人在研究这一段的时候，总喜欢把宋蕙莲的死归咎于“社会因素”，认为宋蕙莲之死，是那个社会中不可避免的悲剧。

有那么严重吗？勾心斗角，在任何时候，任何地方，都是有的，这是一种很正常的现象。

其实宋蕙莲的死，很简单，与她人无关，与社会也无关。就是她自己赌气，想不通了，就自杀了。自己负全责。

请注意：没有人一定要她去死，她也不是被压迫到走投无路了才死的，而是一时的“意气用事”，想不开了，才赌气死的。因此，不具备必然性。

如果要说有什么必然性，那就只可能与她自己的虚荣心有必然性。

试想，宋蕙莲要是不自杀，其结果无非是以下两种：

1. 西门庆兑现了诺言，娶她当上了七太太。（总比原来强）

2. 西门庆没兑现诺言，维持现状，大家继续如此勾心斗角。

无论怎样，都不至于太差。而好的结果，至少有一半的概率。

所以，宋蕙莲一时想不通了，就要自杀，死的糊涂，根本没必要的一件事。因为她是可以不死的。

宋蕙莲当时死了之后，一家人都慌了，都怕西门庆责怪到自己头上。

吴月娘见救不活，慌了。连忙叫小厮来兴儿，骑头牲口往门外请西门庆来家。

孙雪娥也慌了。害怕西门庆来家拔树寻根，归罪于己，在上房打旋磨儿跪着月娘，教千万不要说出和她吵了架的。

月娘见她吓成那个样子，就说她：“此时你害怕了，当初大家省言一句儿便了。”

人已经死了，怎么办呢？

最后这一大家子的女人们，都为了逃避相关的连带责任。所以，大家就聚在一起商量好了，统一口径，都只说蕙莲因思念她汉子，想念她丈夫，哭了一日，乘后边人乱，不知道是什么时候寻了自尽。

于是，宋蕙莲就这样在众口一词的情况下，就真的变成了一个贞妇。因为太爱她的老公，所以殉情了。

那么，西门庆听了后，有没有发怒呢？有没有大家想象中的那样可怕呢？没有。只是轻描淡写地说了这样一句话：

“她这个笨婆娘，原来没福。”

39 揭秘：西门庆在女人身上如何花钱

西门庆的生意越做越大了，和他有关系的女人自然也就越来越多。俗话说“男人挣钱，女人消费”，女人多了也麻烦，尽是支出。

那么，西门庆是怎样在女人身上花钱的呢，他对“支出”究竟是持何种态度呢？

下面，我们就来研究一下西门庆对女人的“支出”状况。

通观《金瓶梅》全书，会发现这样三个轨迹：

1. 西门庆对女人的“口头许诺”，是越来越大。

从潘金莲、李瓶儿直到宋蕙莲，西门庆口头承诺的价码，是在不断的上升。

先前追潘金莲时，西门庆双膝跪下道：“娘子可怜小人则个！”

你看，西门庆没有许诺，也没有利诱，完全是索取。

潘金莲叉开手道：“你这歪厮缠人，我却要大耳刮子打的呢！”西门庆笑道：“娘子打死了小人，也得个好处。”于是不由分说，抱到王婆床炕上，脱衣解带，共枕同欢。

从求欢到上床，西门庆一直没有承诺要给她什么好处。

但是到了后来，我们再看西门庆对宋蕙莲开的价，已经涨得相当高了：先前许诺说“头面衣服，随你拣着用”；后来又许诺说“等我明日买了对面乔家房，收拾三间房子与你住”。

西门庆一开始就放下了话，东西随你用，不久又承诺要为她买房子，对于这个出身卑微的宋蕙莲来说，可以预期的好处确实是够大的了，够诱人的了。

因为西门庆的“口头许诺”越来越大（有实力支撑的），导致了他追求女性越来越容易，其过程也变得越来越简单。

2. 西门庆对女人的“实际支付”，则是越来越少。

最先追潘金莲时，西门庆被王婆子讹去了20000多块钱，又办武大郎的丧事，前前后后一共又花了好几万。有点冤。再后来娶了潘金莲，为她买珠子、买日用品不算，还被硬逼着花60000元（六十两银子）买了一张高档床给她。

包李桂姐也是，先花了两三万，后来每月还给她20000块。

西门庆最初在这两个女人身上花的钱是最多的，也是最心疼的，都是成万成万的整钱！

后来追李瓶儿时就是空手道了，实际支付已经变得很少。

而追宋蕙莲则最简单，西门庆仅仅只出了一匹缎子布，和少许碎银子（零钱）。

西门庆许诺买给她的一套房子，则是等到宋蕙莲死，也没见他兑现。

结果就是，西门庆的女人越来越多，实际支付却是越来越少！

3. 西门庆愿意承担的“风险”，已是越来越低。

原先害死了武大郎，西门庆是冒着抵命的风险干的，后来花子虚死，就不关他的事了，再后来对付来旺儿，则是尽量不出人命，只把他发配走就行了。

这三个轨迹，说明了西门庆是越来越成熟的。越玩越赚。你以为他真的手松喜欢撒钱啊。

反过来说，大款越大，越不容易搞到他的钱，根本就没想象中的那么简单。

西门庆虽然越来越有钱，但他其实还是非常的小气抠门，在“支出”上，一直都是在精打细算。当然，也可以说他这个人很节俭。

下面，我们再来看看他在家里是如何节俭的。

家里的这些女人，是西门庆已经到手的女人，“支付”够低的了。

一日，西门庆的几个老婆凑在一起吃酒。（第二十一回）。

小厮玳安提了一坛金华酒进来，被西门庆看见了，便问金华酒是哪里来的?

回答说：“是三娘与小的银子买的。”

西门庆一听就说道：“阿呀，家里现放着酒，又去买！”吩咐玳安：“拿钥匙，前边厢房有双料茉莉酒，提两坛搀着些这酒吃。”

金华酒是好酒，300块钱一坛的，茉莉花酒则最多不到30块钱。西门庆认为在自己家里吃这么贵的酒，完全是一种浪费，所以要拿廉价酒搀着些吃。

又一日（第二十三回），西门庆家里来了几个客人，一个是吴月娘娘家里的人，一个是潘金莲的老妈，她们这些婆婆妈妈们，都是些平常亲戚，算不上达官贵人。

西门庆外出回来了，一回来就问：“她们吃的是什么酒？”

回答说：“是金华酒。”

西门庆一听，又是这个酒！便说道：“还有年下你应二爹送来的那一坛茉莉花酒，打开吃。”然后就叫把茉莉花酒打开，西门庆尝了尝，说道：“正好你娘们吃。”

窥破金瓶

还一日（第三十四回），西门庆回来，见李瓶儿桌下放着一坛金华酒，便问："是哪里的？"

李瓶儿说是叫小厮街上买的。

西门庆道："阿呀！前头放着酒，你又拿银子买！前日我赊了丁蛮子四十坛河清酒，丢在西厢房内。你要吃时，教小厮拿钥匙取去。"

对于300块钱的金华酒，西门庆见了三次，就念了三次，有两次"阿呀"，"阿呀"就是心疼。

从这里也可以看出西门庆的消费观念，节俭的近乎吝啬。在"支出"上，他自始至终都是精打细算：

1. 金华酒比较贵，家里自用就奢华了，不划算。即便吃，也应搀着廉价酒吃。

2. 家中明明还有酒，却又拿银子去买。则钱也浪费了，没吃的酒也闲置了。浪费，浪费！

3. 四十坛河清酒，（普通酒，30块钱一坛），还是向丁蛮子赊的，先吃酒，后付钱。西门庆深知，银子是有利息的，在同样单位下，今天的钱一定小于明天的钱，无形中就侵占了人家的资金周转率。

4. 赊来的酒，还不能乱吃，还要丢在西厢房内用锁锁住，保管到位，节俭。"要吃时，教小厮拿钥匙取去"。

西门庆的精打细算，已经渗透到了生活中的每一个细节。

在支出上，那么节俭，难怪他死的时候留下了那么大一笔钱。在对待女人的问题上，相比之下，西门庆还是对外面的女人大方些，对自家的几个老婆，小气得要死。

40 送礼的学问究竟有何玄机

在小说《金瓶梅》中，西门庆是个送礼专业户。

大大小小数十次的送礼活动，不仅屡次使得西门庆化险为夷，而且事业上也平步青云。西门庆一生中真正的“飞黄腾达”，就是因一次送礼而起。

明朝时，一个县令（市长）一年的正当收入是45000元人民币（年俸45两），每个月的工资只在3750块钱。

又一数据表明，七品知县每年的名义工资是90石大米，每个月的工资大约可以合上6000块钱。

我们再看看有名的大清官海瑞，他的月工资才3000块钱多一点，他不收礼，也不送礼，他每年只吃一次肉。

根据各种史料的记载，我们都可以得出这个结论：明朝官员的工资是历朝中最低的。一个月的工资收入，并不比一般普通老百姓强多少，而比起西门庆来，不知要差到哪里去了！

“官”的薪水如此之低，但手里却有权，有权就可以合法的支配（甚至滥用）公共权利。而西门庆是“民”，虽然有钱，但没有地位，好多事都得求着官员。

这样，用我所多的，交换我所需的，也就很自然地形成了“官商勾结”，大家各取所需，各得其便。

西门庆作为一个商人，若不向官府进贡送礼，恐怕是不行的，毕竟官府要把一个商人整破产还是比较容易的。此所谓“财要官相护”。

既然要送礼，送给谁？送多少？怎样送？有没有后患？问题多着呢，可见，送礼也是一门学问。

西门庆最先的靠山其实不大，乃是东京的陈洪。

西门庆把女儿嫁给了陈洪的儿子陈敬济，两家由此而结成了亲家。

而陈洪的靠山是杨戬，杨戬是东京八十万禁军提督，乃是朝廷面前说得起话的官。陈洪与杨戬又是亲家。

杨戬的靠山，则是蔡太师蔡京。

西门庆若遇事，只能拿钱去求助于陈洪，由陈洪出面再去求助于杨戬。因此，中间的层层盘剥还是比较多的，西门庆便有心直接攀上蔡京这颗大树。

在多次的交往过程中，西门庆总是牢牢地抓住他当时所能触及到的“最大保护伞”。并且及时利用这种关系再间接地触及到“更大的保护伞”。一层层向上攀，最终结识了一人之下、万人之上的蔡京。

结识了蔡京之后，西门庆一次性送了多少呢？

花了血本的，《金瓶梅》第二十七回写道：

西门庆打点三百两金银，叫银匠打造四座为蔡太师捧寿的银人，每一座高一尺多。又打了两把金寿字壶。寻了两副玉桃杯、两套杭州织造的大红五彩罗缎宁丝蟒衣。

折合成人民币估计至少三百万是有的。最后还差两匹玄色焦布和大红纱蟒，西门庆一时拿不出来了，可见他把手头的闲余资金已经全部用完了。

该下重注的时候就要狠下重注。

李瓶儿道："我那边楼上还有几件没裁的蟒，等我瞧去。"拣出两件大红纱，两件玄色焦布，俱是织金莲五彩蟒衣，比织来的花样身分更强几倍，把西门庆欢喜得要不的。

怎样送，最恰当呢？

等蔡太师过生日的时候送。

一般而言，凡提到送礼，总是会和"礼尚往来"、"行贿受贿"这两个词联系起来。

前者"礼尚往来"，是中华民族的传统美德，是合法合理的事，是可以做的事；

而后者"行贿受贿"，是历朝历代的打击对象，是违法犯罪的事，是不可以做的事。

如果等到有事求助于别人的时候再去送礼，那算什么？

明显的是行贿受贿嘛，很显然是不高明的。

现在，西门庆为蔡太师送上了丰厚的生日礼物，并且没有向太师提出任何索取的要求，因此在形式上，就属于礼尚往来，算不上行贿受贿。

所以，这送礼的诀窍，就是尽量往"礼尚往来"这方面靠，千万不要和"行贿受贿"沾上边。

西门庆就是这样打擦边球的，后面还干了许多违法不犯罪的事，在法律的边缘游走，占尽了便宜。

话说西门庆派他的下属来保和一个结拜弟兄吴典恩两个押送生辰纲，去给蔡太师拜寿。

正值炎蒸天气，路上十分难行，好在没被梁山草寇抢去。到了东京蔡太师府门前，被守门官吏拦住了。

那守门官吏骂道：“什么东门员外、西门员外？俺老爷当今一人之下，万人之上，谁敢在老爷府前这等称呼？！”

来保连忙拿出三包银子，每人一两，都打发了（一人1000元）。那官吏才有些笑容儿，进去报告翟管家。

翟管家出来了，来保又连忙跪下磕头，送了他六万块，才进到府里去了。

送个礼好难。

蔡太师见了这许多黄烘烘的、白晃晃的寿礼，如何不喜，便道：“这礼物决不好受的，你还是拿回去。”

来保等慌的在下叩头，说道：“小的主人西门庆，没甚孝意，些小微物，进献老爷赏人。”

太师道：“既是如此，令左右收了。”

这些礼物最终还是都送进去了，那么，西门庆究竟可以得到何种回报呢？他现在还完全不知道。

但是，至少可以预期的最低收益是：为将来的商业活动铺路搭桥，只要有了方便之门，就不怕以后赚不回来。

41 从《金瓶梅》谈升迁的机遇

话说西门庆派来保、吴典恩两个押生辰纲给蔡太师拜寿送了礼。

蔡太师就问道：“你主人身上可有甚官役？”

来保道：“小人的主人，一介乡民，有何官役？”

太师道：“既无官役，昨日朝廷钦赐了我几张空名告身札付，我安你主人在你那山东提刑所，做个理刑副千户，顶补千户贺金的员缺，好不好？”

来保慌的叩头谢道：“蒙老爷莫大之恩，小的家主举家粉首碎身，莫能报答！”

于是签押了一道空名告身札付，把西门庆名字填注上面，列衔金吾卫衣左所副千户、山东等处提刑所理刑。

这一长串的官名，是作者杜撰的，比较奇怪。但我们仍可以从字面上估出个大概的意思来。

前面的“金吾卫衣左所副千户”，应该是官衔，后面的“山东等处提刑所理刑”，应该是官职。

西门庆做的“提刑”是个什么官呢？

就是电视剧《大宋提刑官》里宋慈的位置。北宋提刑司在地方上的权利很大，主要负责督察、审核州县上报的案件，和监察地方官吏的行为。相当于省公检法等部门。

“金吾卫”是明朝掌管皇帝禁卫的亲军。很显然，西门庆的官和这个没有关系。再看，金吾卫后面还有个“衣”字——暗喻明朝的特务机构“锦衣卫”。

因为《金瓶梅》的作者是有意借宋朝的题材写明朝的那些事，所以出现一个“宋明混合”的官职，也就不稀奇了。

作者在第三十回中写道：

“时来顽铁有光辉，运退真金无颜色”。

这句话是说，在冥冥之中，命运对人生的际遇有着不可思议的力量。

西门庆的升迁，就是他的运气来了。

就这么简单，这是对升迁最朴素、最客观的解释。

有的朋友要说了，西门庆是花钱买的官！哪里有什么运气可言？我告诉你，这种解释是主观想象的。下面我们就来具体分析：

1. 西门庆在蔡太师生日时送礼，虽然他没有提出任何索取的要求，但其目的只有一个：得到庇护、获得好处。

究竟可以获得什么样的好处，这其实是不确定的。如果把所有可能获得好处的值，由小到大进行排序，则有N种之多。结果，西门庆获得了N分之一中，最大的那一个。

在不确定的N个选项中，恰恰获得了最大的那一个。这，就是运气。

2. 外部环境。

夏提刑的同事，贺千户（副提刑）升了淮安正提刑，不久前刚好调走了。所以这个地方就有一个“副提刑”的位置空缺。如果没有这个缺，西门庆就没条件上。所以这是要靠运气的。

3. 蔡太师说：“昨日朝廷钦赐了我几张空名告身札付，我安你主人（西门庆）……顶补千户贺金的员缺，好不好？”

蔡太师也不是随随便便就能提拔一个人的，是因为恰好“昨日朝廷钦赐了我几张空名告身札付”，才有了这个机会。

如果没这个机会，蔡太师即使想提拔西门庆，那也还得再耐心等待下一个机会出现时才行。

西门庆升官，是由西门庆送礼（内因）+贺提刑调走（外因）+蔡太师获得人事任免权（外因），这3个方面的因素共同构成的，缺一不可。

西门庆“送礼”只与“获得好处”有必然联系，而与“升官”则没有什么必然联系。升官是由后面的两个外因起了决定性作用，而外因是西门庆自身能力所不能控制的东西。

获得自身不可控制的好处，这就叫“运气”。

西门庆给蔡太师送生日礼物，只不过想巴结一下他，属于正常的礼尚往来，并没说要买官，所以说他“花钱买官”就过分了。要知道，没有外部环境提供机遇的时候，你花再多的钱，也是买不到的。

而从蔡太师的角度来看，利用职权“卖官”则是完全成立的。

所以这一回的题目就叫《蔡太师擅恩赐爵》，是太师的“擅”自行为。

西门庆的“升官”是一个非确定因素，而蔡太师的“赐爵”则是一个完全确定的因素。

所以，这西门庆的“好运”，就是来自于蔡太师的“抬举”。

那一年，西门庆是真的交上了好运。

他的六太太李瓶儿刚好为他生下了一个男孩，长子（这也是需要50%运气的），孩子一生出来，西门庆就接到了朝廷的任命文书。正可谓："双喜临门"！

所以，西门庆就为他的儿子取了一个有纪念意义的名字，叫做"西门官哥"。

双喜临门的西门庆，每天都是容光焕发，甚至是亢奋的。

第一件事，就是把朝廷明降拿到吴月娘处向众人炫耀："太师老爷抬举我，升我做了金吾卫副千户，居五品大夫之职，如今你也顶受五花官诰，做了夫人。"

次日，西门庆就叫了一大阵人到家里来，为他量长短，量体围，做官帽，做官服，又唤赵裁缝为他裁剪尺头，攒造衣服，又叫了许多匠人，钉了七八条带。

夏提刑也来恭贺他，问他几时去衙门里上班?

西门庆就叫阴阳徐先生为他选了一个"吉日"去上班。徐先生择定七月初二的辰时（上午7点—9点）为吉日吉时。

西门庆就准时按照这个时间上任去了。

到了上任这天，西门庆在衙门中摆"大酒席桌面"，请同僚们吃喝了一整天。新上任的西局请客，有谁不来?吹吹打打，热闹了一日。

此后，西门庆每日骑着大白马，头戴乌纱帽，身穿五彩洒线揉头狮子补子员领，四指大宽萌金茄楠香带，粉底皂靴，排军喝道，张打着大黑扇，前呼后拥，何止十数人跟随，在街上摇摆。

何等荣耀!

42 趋炎附势话《金瓶》

在小说《金瓶梅》中，西门庆为了孝敬蔡太师，便于太师生日上送了一大担礼物。不料，太师格外开恩，破格赐他五品提刑官，西门庆由此而混迹官场，展开了人生中的又一波高潮。

当西门庆升官的消息传到清河县的时候，书上写道："谁人不来趋附？送礼庆贺，人来人去，一日不断头。"

来送礼的人，一天到晚，从天亮送到天黑，把西门家的门槛都要踏破了！

大家都争先恐后地跑来拍西门庆马屁。什么样的人都有，上自官贵，下至妓女，都蜂拥而至，跑来巴结西门庆。

这些人，其实都是西门庆巴结蔡太师的翻版！

西门庆，就是地方上的"小蔡太师"，而那些人，则是各种不同款式的"小西门庆"。

今天，我们就只先说说"官场上"的那些人是如何巴结西门庆的。至于“民间”的那些人，下回再说。

先说夏提刑。

夏提刑本是行伍出身，虽然官大，但没啥根基，底子薄，即没攒多少钱。估计应该是个大老粗。

夏提刑是正的，比西门庆这个副提刑略高。

可他却第一个跑来巴结西门庆。因为西门庆钱多啊，以前在和西门庆打交道时，得了不少好处的。现在又成同事了，当然要来。

夏提刑送了西门庆20名排军，为西门庆出门时喝道，前呼后拥，以壮西门庆的威风。在夏提刑的带头示范作用下，所有的衙门同僚具公礼来贺。不送也得送。

夏提刑尽着自己最大的能力，帮着西门庆最大限度地捞好处。

地方上有两个退了休的老太监，一个姓薛，一个姓刘，都很有钱。夏提刑就伙同周守备（边防军官），宰这两个老太监的羊子。

两个老太监为西门庆送上了厚礼。酒席上，夏提刑倚仗他刑官之名道：“今日是你西门老爹加官进禄的好日子，又是弄璋之喜……”

把两个老太监说懵了。都问：“怎的是弄璋之喜？”

夏提刑道：“就是西门大人的公子满月之辰，我们同僚都送了礼，庆贺了的！”

意思就是：升官和儿子满月是两件事，要送两次礼的。

啊？薛太监只好说：“这等——”又向刘太监道：“咱们明日都补礼来庆贺。”

再说说最有意思的李知县。

李知县是清河县的正堂知县，就是以前审“武松案”的那个。当时，他是县里的老太爷，西门庆只是他辖区的一介草民。

现在，西门庆成了他的顶头上司。（五品提刑监督七品知县）。

西门庆可不是县里的官，而是省里的官，他这个省里的副职，相当于东平府（地区）的级别，刚好压在县太爷的头上。

李知县最苦，因为他恰好被西门庆管着。一点也不敢马虎。

送什么礼物给这位顶头上司呢？送钱吗？西门庆多得是！送女人吗？西门庆同样多得是！拿什么都不能入他的眼。

这礼没法送啊。

李知县绞尽脑汁，最后总算是送了个好东西给西门庆了，究竟是什么，就不用想了，你是猜不着的。

李知县究竟送的什么礼呢？

书上写道：李知县会了四衙同僚，差人送羊酒贺礼来，又拿帖儿送了一名小郎来答应。

李知县送的厚礼就是这个“小郎”。

这小郎，一十八岁，生得清俊，面如傅粉，齿白唇红（西门庆就为这小郎改名为“书童”，专管书房）。

看官需知，明人有好男风之陋习。现在该明白了吧。

这个小郎，名义上是书童，实际上是给西门庆当情人的（搞同性恋），尤其像西门庆这样的，女人已经玩得腻了，送个男人给他玩玩，只会更加刺激，并且更加隐蔽，几乎是不可能被人怀疑到的。

你看这个李知县，厉害吧。

当大家都来巴结西门庆的时候，挤破门槛的时候，一派热闹非凡的场景展现在我们眼前。

这时，我们不防再回过头来看一下西门庆在升官之前，作者是如何“打伏笔”的：

话说升官的调令还没有下来时，西门庆并不知道他会升官，别人也不知道他会升官，当时，正是三伏天气，正是一年中最炎热的时节。

西门庆一家正躲在凉快处避暑。

吃着冰桃，赏着荷花，欣赏着流行歌曲《人皆畏夏日》。

人皆畏夏日。正三伏天，谁不怕热？躲在家里乘凉，该有多舒服呀！谁也不愿意出门，大家都是，西门庆也是。所以是“人皆畏夏日”。

但是，调令一到，奇怪的事情就发生了，人们居然皆不畏夏日了，纷纷出动，顶着酷热，不怕中暑，争先恐后地跑来向西门庆道喜、祝贺、送礼。

《金瓶梅》的作者由此而写下了一句最经典的话：

时来谁不来？时不来谁来！

43 《金瓶梅》糗事：情敌变母女

《金瓶梅》中最传神的一句话：

“时来谁不来？时不来谁来！”

请注意，西门庆在小说中其实是一个很中性的角色，作者既没把他当正面人物抬高，也没故意把他当反面人物贬低。作者只是透过“他”——刻画了与之相关的一群“各色人物”。

读者应该把视线从西门庆身上移开，仔细观察他身边的那些人，就会发现：这世态果真是如此的炎凉，这人与人还真的是分三六九等。

在上一回中，我们分析了上层官贵，今天接着看下层妓女。

当人们都争先恐后地来巴结西门庆时，妓女们也蜂拥而动，生怕落于人后。

第三十二回写道：且说李桂姐到家，见西门庆做了提刑官，与虔婆铺谋定计。次日，买了黑色礼，做了一双女鞋，教保儿挑着盒担，光升坐轿子先来，要拜月娘做干娘。进来先向月娘笑嘻嘻拜了四双八拜，把月娘哄得满心欢喜。

李桂姐，就是西门庆以前每月出两万元包养的那个妓女，后来西门庆玩腻了，舍不得花钱了，就把她家妓院给砸了，发誓再也不来了（两家差不多算是结仇了）。

但是，现在西门庆升了官，形势发生了变化。

李桂姐决定不计前嫌，再主动上门与西门庆家来往。以什么理由呢？和老妈子商量了之后，决定拜西门庆的大老婆吴月娘为“干娘”。

认了干娘后，西门庆就是干爹。

李桂姐放弃“姘妇”的关系，不当情人了，改当干女儿，她的妓院就可以得到一个五品官员干爹的庇护。

桂姐笑着对吴月娘说：“妈说，爹如今做了官，比不得那咱常往里边走，我情愿只做干女儿罢，图亲戚往来，宅里好走动。”

吴月娘当然是答应了。

因为这个时候，六太太李瓶儿生了“贵子”之后，有人跑来认她吴月娘当“干妈”，就是尊重她，眼里有她。再者，从前的情敌主动放弃情人的身份，也是一件大好事。

这样一来，曾经共享一个男人的“情敌”关系，就变成了现在的“母女”关系。以前早就乱了套的，现在再乱一套又何妨，扭曲得似乎也还比较顺理成章。

李桂姐的强劲竞争对手，是她的另一家同行，一个王牌妓女吴银儿。

李桂姐和吴银儿这两个人，一惯是面和心不和。

当时，她二人先已经商量好了的，一起去西门家。但是，李桂姐提前抢先来了，一来，就拜了干爹干妈。

吴银儿来迟了，进来就说：“桂姐，你好人儿！不等俺们等儿，就先来了。”

为了抢得先机，李桂姐当然要甩掉她，提前来。

这有什么好处呢？你看：那李桂姐卖弄她是月娘的干女儿，坐在月娘的炕上剥果仁儿，吴银儿三个则在下边杌儿上，一条边坐着。

从坐的位置看，很明显，身份大不同了。

那李桂姐抖擞精神，一回叫：“玉箫姐，有茶倒一瓯子来我吃。”

一回又叫：“小玉姐，你有水盛些来，我洗手。”

俨然主人一般。

那小玉真个舀了水，与她洗手。

吴银儿看得睁睁的，不敢言语。

这一回，李桂姐算是出了心中压抑已久的闷气，但依然还不罢休。

李桂姐又道：“银姐，你拿乐器来唱个曲儿与娘听。我先唱过了。”

其实大家都知道，她根本就没唱。现在她让吴银儿唱给她听，意思就是：她现在是主子了，你吴银儿依旧还是个低贱的卖唱的。

喂，卖唱的，唱个曲儿给咱听听！

吴银儿怎么办呢？见她这般说，没办法，也只得取过乐器来，唱了一曲。

哼哼，你以前不是很牛吗？现在在我面前怎么牛不起来了？李桂姐暗暗自得，过足了瘾呀。

把个吴银儿肺都要气炸了，简直欺人太甚！

吴银儿咋办呢？

她就找到了西门庆的结拜弟兄应伯爵，向他诉苦：“我告诉二爹你一个人，你只放在你心里，莫说人弄是非……”

吴银儿就把李桂姐一系列的事，从头讲了一遍，说她显摆是大娘的干女儿，把俺们往脚下踩。太欺负人了！

我只是和你说一下，莫弄是非，你放在心里头就行了。

应伯爵算是听明白了，想了想，就给她出了个绝妙的主意："她现在见你大爹做了官，就假着认干女儿来往。我教你个办法：既然她认大娘做干女儿，那你到明日也买些礼来，认六娘做干女儿就是了。你和她都还是过世你花爹一条路上的人，各进其道就是了。我说的是不是？你也不消恼她。"

六娘（李瓶儿）刚刚生了贵子，有谁能和她比呢？就是大太太吴月娘也未算能比得上她。如果你做了她李瓶的干女儿，肯定不会比那桂姐差。

这是一个好点子。

但是，其中有点隔阂："你和她都还是过世你花爹一条路上的人"，应伯爵说的这句话，是什么意思呢？

以前，六娘李瓶儿的老公花子虚，生前从来不在家里和李瓶儿睡，一直都是在妓院里和吴银儿睡，吴银儿这个王牌妓女，是花子虚出钱长期包养的情妇。

所以说，吴银儿和李瓶儿，都是花子虚"一条路上的人"，且两个是死对头，情敌关系。

但那是以前的事了。现在，你面子上认她当干妈，你当干女儿，大家还是"各进其道"，各走各的路，又有什么不行呢？"你也不消恼她。"

吴银儿觉得有道理，深刻啊！

于是，吴银儿马上买了四盒礼、两方销金汗巾、一双女鞋，送给了李瓶儿，就拜为干女儿。

李瓶儿收下了这个干女儿，从此当了她的干妈，但私下里还是叫她银姐。

如此，曾经共享一个男人的“情敌”关系，就变成了现在的“母女”关系。扭曲得也还比较顺理成章。

后来，李桂姐听说了这事，一声儿没言语，就再不和吴银儿说话了。

44 审案子的简便方法

西门庆升了提刑官（副职）之后，生意做得更大了，他在狮子街又开了两间门面，做绒线铺子。

绒线铺聘请的主管，是西门庆的兄弟应伯爵刚刚介绍来的，名叫韩道国。

韩道国，长得五短身材，三十年纪，原先本是做绒线生意的熟手，后来折了本钱，闲在家里。

西门庆见他言谈滚滚，满面春风，又写算皆精，十分内行，当天就和他签定了合同。开张之后，“一日也卖数十两银子，不在话下。”就是说平均每天最少可以赚大几万块钱。

韩道国由此而成为西门庆生意场上的得力助手。

话说这一天，韩道国正在和别人吹嘘他和西门庆西大人的关系如何不一般时，突然有人跑来告诉他，你家里出了大事！

原来，他的老婆王六儿和他的弟弟韩老二被众街坊们绑起来了，说她二人通奸，有伤风化，定要押去见官。

韩道国慌了，忙去找西大人说情。

来到门口，小厮说西大人不在家。韩道国见不到西门庆，只好又急急去找应伯爵商量。应伯爵答应帮他这个忙，就带着他又过来了。

走到西门庆家门口，应伯爵问那个小厮："在家不？"

答曰："在花园书房里"。

应伯爵直接进去了，对西门庆说，韩道国因为在铺子里住，经常不在家，就有那么几个不三不四的光棍欺负他娘子，他兄弟韩二气愤不过，骂了几句，反被这伙人揪住踢打，绑起来了。明天就要押到县里李大人那里去。

西门庆说，这个好办，就叫人传他的话下去，先把王氏放了，只把这伙人趁早押解到提刑院来，他要亲自听审。

第二天，由夏提刑和西门庆这两个审判长来审理该案。

被告是韩老二。原告是街坊四人：一个叫车淡，一个叫管世宽，一个叫游守，一个叫郝贤（谐音分别是：扯蛋、管事宽、游手好闲）都跪在那里。

这个案子究竟该怎么审呢？无论是谁审案子，都得先把案情调查清楚了再说。

所以夏大人有必要先把具体的情况问个明白。开始一一问门供。

韩老二说："小人的哥哥做买卖，常不在家，这几个光棍便百般欺负嫂子。小的住在外边，回家来看看，忍不过，骂了他们几句。就被这伙人捉住，乱行踢打。望老爷查情。"

那伙人说："老爷休信他巧言！他哥哥不在家，他就和他嫂子王氏有奸。昨日被小的们捉住，现有底衣为证。"

双方的供词都是相反的，且各执一词。夏大人就犯难了，究竟谁在说谎呢？这个案子不好断啊。

夏提刑想了好久，突然发现还差一个人没来。就问道："怎么那王氏不见？"

下面的人只好撒谎说道："那王氏的脚小，路上走不动，马上就来。"

又等了一会儿，也不见王氏来。那韩二两只眼睛只看着西门庆。

良久，西门庆便欠身望夏提刑道："夏大人也不必再等这王氏了。想必王氏有些姿色，这些光棍来调戏她未遂，便捏成这个圈套。"

事情还没有调查清楚，夏提刑夏大人当然就断不出来。

但是，西门庆西大人却断出来了。他一口断定：是原告一伙人捏成的圈套，故意诬陷被告的。

那么，西大人是凭什么断出来的呢？很简单，凭的是"想必"这两个字。

也就是他的主观臆断。

为了证明他的主观臆断是正确的，西门庆当时就把那为首的车淡叫上前来，问道："你是在哪里捉住韩老二的？"

众人道："昨日在她（王氏）屋里捉住的。"

西门庆就又问韩老二："王氏是你什么人？"

韩老二回答道："是我嫂子。"

西门庆转过脸来，又问这伙人："既然是在她屋里捉住的，那你们是怎么进到她屋里去的？"

众人回答道："是翻墙进去的。"

好了！"证据"被诈出来了。

西门庆大怒，喝骂道："他既是小叔子，难道不许他上门行走？

像你们这伙光棍，是她什么人，好大的胆子！你们如何就敢翻墙到她屋里去？”

这一番话，说的车淡等人哑口无言。

西门庆接着推理道：“她男人不在家，而你们又深夜翻墙入室，这就是非奸即盗了。”

喝令左右拿夹棍来，每人一夹、二十大棍，打的皮开肉绽，鲜血迸流。

这四个都是少年子弟，出娘胎未经刑杖，一个个打得号哭动天，呻吟满地。

到这个时候，案情的结果已经真相大白，是街坊车淡等四人深夜翻墙入室，非奸即盗。

不过请注意：结果虽然已经出来了，但案情的经过还是含糊不清。不仅是夏提刑、西门庆两位大人，也包括我们读者，依然还是都不知道究竟是怎么回事。

小说第一回说西门庆“作事机深诡谲”，观此案，果不然。不用证据，就能很有道理地将对方判得哑口无言，俯首伏法。

其实，在这个案子中，提刑官西门庆既可以判原告输，也可以判被告输，无论想判哪边输，他都可以找到“相应的”十足的理由来证明他的判法是正确的、合理的，没有贪赃枉法徇私舞弊。

正所谓：“官”字两个口。

从中我们也可以看到断案子的“简便方法”是：

1. 根据自己的偏好，先从主观上断定某一方有罪。

2. 再从其他方面随便找个证据，就可以证明他确实有罪。

这样就比较快了。（至于真相……）如果按常规方法去调查取证的话，那肯定就会麻烦得多。

车淡等四人被关进号子里去了，大家都互相抱怨。

号子里的人又吓恐他们："你们这几个至少要判个三五年。若是报到上面去了，皆是死数。"

这些人都慌了，忙叫人带信出去，教各人父兄使钱，上下寻人情打点。

究竟如何跑关系，且听下回分解。

45《金瓶梅》趣事：“雁过拔毛”

“雁过拔毛”这个词，是说大雁从面前飞过时，也能拔它几根毛下来。原本是用来形容武艺高强的，后来就逐渐演变成了爱占小便宜的贬义词——凡经手的事情，只要有好处，就要抓住机会，捞它一把。

在小说《金瓶梅》中，西门庆将车淡等四人拘留了，他们的父母一着急，就拿着钱四处找关系说情。

第一个找的是夏大人。

夏提刑说，这个案子是西门庆办的，他插在中间，我又不好说得。你们还是寻人情去和他说。

第二个找的是吴大舅。

这吴大舅是西门庆大老婆吴月娘的亲弟弟，应该是很有面子的，但西门庆仍然不依。

再找谁去说情呢？大伙一商量，只有东街开绸绢铺的应伯爵，和西门庆是拜把子兄弟，他们私交最好。不如凑几十两银子，叫他去帮忙说情。

于是，车淡的父亲，开酒店的车老儿，叫大家每人拿十两银子出来，共凑了四十两（合人民币40000元），来到应伯爵家，求他去对西门庆西大人说情。

应伯爵先是帮韩伙计摆布这些人的，但现在看在钱的份上，还是答应愿意帮忙，就把这四万块钱都收下了。

收了钱之后，应伯爵私自克扣下25000元，自己笑纳了，只拿出其中的15000元（十五两）去活动。

这样一来，“雁过拔毛”，说情的钱，一下子就蒸发了一大半没了。

应伯爵这次没有直接去找到西门庆，而是找的西门庆的书童。

应伯爵对书童说：“这伙人的家属凑了15000块钱，再三跪着求我去说情。我想，我已经替韩伙计说在先，又怎么好意思再帮他们去说？我去不合适，这些钱你拿着吧，你去说，把他们放了算了。”

这个“书童”是谁呢？前面说过了的，是西门庆最爱的男宠——同性恋对象，关系当然不一般，外人很难知道的。所以应伯爵不找别人，只找他。

书童得了钱，说道：“既然看在应二爹的份上，就叫他们再拿5000块钱来，等我去替他们说。昨天吴大舅亲自来说也不行，我又有多大面子？实话对你说吧，我一分钱不落，还要贴不少钱呢，我去请六太太出面，绕个弯儿说了才行。”

应伯爵就又去找那伙人，又索要了5000块钱给了书童。

书童一共得了20000元，私自克扣下18500元，只拿出其中的1500元（一两五钱）去找六太太李瓶儿。

这样一来，“雁过拔毛”，说情的钱，一下子就又蒸发了一大半没了。从总额45000元急剧下降到1500元，还不足一个零头了。

李瓶儿刚刚为西门庆生了儿子的，面子当然大，比大太太还大。所以书童不找别人，只找她。当然不是送钱给她，而是从心理上十分讨好地“孝敬孝敬她老人家”。

书童拿着这1500元钱，去街上买了一坛金华酒和一大堆鸡、鸭、鱼、肉，送了一半到李瓶儿房中，摆了一桌子好吃的，求她对西门庆说说，那些人已经在衙门里被打过了，就胡乱做个处断，把他们都放了算了。

李瓶儿道：“原来是这个事，不打紧，我和他说就是了。我要你买这些东西来做什么？莫不是你得了人家好处？”

书童笑道：“不瞒娘说，他送了小的5000块钱（五两银子）。小的不孝顺娘，再孝顺谁！”

李瓶儿道：“贼囚！你倒会排铺赚钱！”

实际上，书童得了18500元，他只说是5000元。

然后，李瓶儿叫丫头取个大银杯子来，满满赏了书童一杯酒，那书童磕了头起来，一吸而饮之。李瓶儿又把各样饭菜拣在一个碟儿里，教他吃了。

那小厮陪着李瓶儿一连吃了两大杯，怕脸红不敢吃，就出来了。到了前边铺子里，还剩了一半点心饭菜，就把在场的大伙们都叫来饱吃了一顿，算是封口费。

傍晚时分，西门庆下班从衙门里回来了。

进到李瓶儿房中，桌上还有些鸡鸭鱼肉。李瓶儿又叫丫头安排了四碟小菜，切了一碟火薰肉，在房中陪着西门庆，两个人腿压着腿儿吃酒。

李瓶儿就叫西门庆把车淡等人都放了。

西门庆说“这是公事”，又追问她是谁来说的情。

李瓶儿不好说是书童，就扯谎说是花大舅来说的情。

这个“花大舅”是谁呢？前面说过了的，就是花子由，李瓶儿前夫花子虚的亲哥哥，也曾逼死了她的老公，也曾企图阻止她嫁给西门庆。

现在，李瓶儿却说是花大舅来说的情。

那西门庆听了，便道：“前日吴大舅来说情，我硬是没依。今天既然是花大舅来说情，那我就看在他的面子上，明日都放了罢。”

这样，说情的人弯来弯去的，最后竟然是一个无中生有的人（曾经还有过节）“说情”才奏效。

下面，我们再来看看“钱”的足迹：

车老儿等人一共花费了45000元的“说情”钱；

经过应伯爵时，刮走了25000，还剩20000元；

又经过书童时，刮走了18500，还剩1500元；

到了李瓶儿那里，则是一桌酒菜；

到西门庆回来时，只剩一点残菜；

而最后真正吃到西门庆肚子里的，估计就只在10块钱左右了。

大雁飞过时，西门庆无意之中，仅仅只拔到了一根毛。

下面，我们就再说一个连一根毛也没拔到的家伙。

且说那个书童出来后，请大伙儿开开心心地吃酒，众人都一阵风卷残云，吃了个净光。偏偏就“忘了教平安儿吃”。

平安儿，是家中很看不起眼的一个小厮，所以也就没请他吃。

于是，看着大雁从眼前飞过，平安儿没有拔到一根毛。他就把嘴巴子撅得老高，愤愤不平。

哼，你赚了钱，不给我吃，我就去对五太太（潘金莲）说！我叫你的事办不成！

那平安儿果真跑到潘金莲面前挑拨，说六太太面子最大呀，因为她生了儿子呀，生了儿子有什么稀奇呀！

并且，把书童和西门庆躲在书房里干的“龌龊营生”（同性恋）

也都说出来了！说那书童因为和西门庆有不正常的关系，从来就没把潘金莲放在眼里！叫潘金莲趁早把那蛮奴才赶滚蛋！

潘金莲听了，强压住怒火，谁叫自己没生儿子呢？多没面子啊。

她开始重新衡量自己的位置。于是，一场毒辣的密谋，也就从此丌始酝酿了。

46 娶个老婆究竟要花多少钱？

我国自古以来婚姻的缔结，就有男方向女方赠送聘金、聘礼的习俗，称之为“彩礼”。具体要花多少钱，则视地区、家庭的不同而有差别。

尽管我国现在的《婚姻法》明文禁止买卖婚姻，或借婚姻之名索取财物，但目前很多地方，尤其在农村，订婚的彩礼仍一路看涨。

有的高得十分离谱，甚至导致男不能娶、女无法嫁的严重恶果。而因彩礼引发的纠纷、案件，也是在逐渐增多。

那么，究竟在哪种情况下，最容易因“彩礼”而引发纠纷呢?

一般来说，1.男家富、女家富；2. 男家富、女家贫；3. 男家贫、女家富，这三种组合，因“彩礼”引发纠纷的概率会小一些。

而：4. 男家贫、女家贫，这一种组合，因“彩礼”引发纠纷的概率最大。

当男家贫、女家也贫，而女家又不识趣，还想漫天要价时，钱打哪儿来呢？则纠纷必然发生，重者甚至酿成悲剧。

那么，彩礼钱究竟以多少为宜呢？

在小说《金瓶梅》中，描述了一起又一起的婚姻嫁娶事件，我们可以从中了解到古代人在这一方面的费用。

下面，我们就逐一分析一下：

（1）武大郎娶妻时，花了多少钱？

当时女方是由张大户做的主，“不要武大一文钱”，还倒贴了钱给他。武大郎没有彩礼支出。（男家贫、女家富组合）

（2）西门庆娶孟玉楼。

西门庆给的彩礼是：“锦帕二方、宝钗一对、金戒指六个”。估价：几万元人民币。这一笔钱，是一个很正常的范围，不算高。（男家富、女家富组合）

（3）西门庆娶李瓶儿时（富富组合），没有彩礼的。纯赚。

（4）来旺儿娶宋蕙莲。

来旺儿是个下人，家庭状况不佳。宋蕙莲家庭状况也不佳。来旺儿“请吴月娘使了五两银子，两套衣服，四匹青红布，并簪环之类，娶与他为妻。”

五两银子，合人民币5000元，加上衣服、布匹，估计几千块左右。这一笔彩礼，大概也就万把块钱，是一个很正常的范围，不算高。

来旺儿和宋蕙莲虽是“贫贫” 组合，不过，宋蕙莲的父亲宋老儿并没有漫天要价。

娶个老婆究竟要花多少钱，自古从来就没有明码标价的。这要视男方的家庭经济承受能力而定。有的多，有的少，不能一概而论。

从“不掏本的”，到“正常彩礼”，再到“天价彩礼”，各种情况都是有的。古代如此，现代也如此，这和我们现在的状况其实差不多。

总的来说，还是以正常彩礼的居多。不花钱、或出天价的总是少数。

下面，我们就再来看一个“天价彩礼”的例子：

蔡太师过生日的时候，西门庆叫人去送礼，当时是蔡太师的管家翟谦举荐的。

翟谦有一事向西门庆相求。

原来，这翟谦已经快四十岁了，只娶了一个老婆，也没生个一男半女，希望西门庆帮他找个小老婆，好生个儿子养老。

翟谦的要求是："你那贵处有好人才女子，不拘十五六上下，替我寻一个送来。该多少财礼，我一一奉过去。"

钱，不在话下。只要好的。

西门庆升了官之后，翟谦又派人寄了10000块钱来恭贺他，并催问他寻的亲事怎样了？帮忙找了没有？不拘贫富，不限财礼，只要好人家女儿，多少钱都行。

西门庆便叫冯妈妈去找，去物色一个好人家的女儿。

这冯妈妈找了一大转，不是卖肉的，就是挑担儿的，很难寻个好人家的女儿。

西门庆正在着急，那冯妈妈就说，你手下绒线铺的韩道国，他不是找你帮忙打了官司的吗？他的女儿十分漂亮，交新年十五岁。就把她说去如何？

于是，西门庆答应了，就开始给韩道国彩礼钱。无论多少，都由翟管家再还给西门庆。

韩道国一共得了多少彩礼钱呢？书上写的非常具体：

西门庆先给了韩道国二十两（合人民币20000元）的彩礼，还有锦帕二方、金戒指四个。

迟一日，西门庆又拿十两银子（人民币10000元），替韩道国的女儿打了半副头面簪环之类的饰物。

西门庆又与她买了两匹红绿潞䌷、两匹绵䌷，和她做内衣。

又叫赵裁缝来，替她做了两套织金纱缎衣服，一件大红妆花缎子袍儿。

又替她买了半副嫁妆，描金箱笼、鉴妆、镜架、盒罐、铜锡盆、净桶、火架等件。

非止一日，都治办完备。

九月初十起身，叫来保、韩道国雇了四头牲口，送上东京去了。

到了东京，翟管家见了韩道国的女儿，十分欢喜，说西门庆费心了。就送了西门庆一匹高头点子青马，这匹青马是从西夏国进口的“宝马”。

翟管家又与西门庆结为亲家来往。又封了韩道国女儿五十两银子的礼钱（人民币50000元），又给了二十两（人民币20000元）作为回去的路费。

韩道国是非常满意的，一回去就对他老婆王六儿说：

女儿嫁了一个好人家！孩子一到那里，就给了她一套房子，两个佣人伺候，衣服首饰不消说。他家里的酒饭，就是连下人都吃不完。若她生下一男半女来，也不愁个大富贵。

这个彩礼钱，应该是金瓶梅中最高的彩礼了，主要原因是翟管家有钱有势。只要男家经济条件好，女家总能满意。

这虽然是一桩买卖婚姻，但相关的所有人员都是受益者，所以也没什么不好的，钱多总是比钱少要好些。

在《金瓶梅》中，我想找一个因彩礼钱而扯皮闹纠纷的例子出来，但是找不出来。也许古代人的婚姻压力没有现代人重吧，这一点比我们现在可要好。

47 美女的标准究竟是什么？

蔡太师的管家翟谦请西门庆帮他说个老婆。西门庆就叫冯妈妈帮忙去找。

冯妈妈相中了一个美女，向西门庆夸道：“眼前就有一个，小名叫做爱姐。休说俺们爱，就是你老人家见了，也爱的不知怎么样的哩！”

西门庆道：“你看你这个疯妈妈子，我平白无故要她做什么？我家里放着的还少吗？”

又问道：“是谁家女子？”

冯妈妈说，不是别人，正是你家开绒线铺韩伙计的女儿。

冯妈妈相中了韩伙计的女儿，就要西门庆亲自过去看一看。

但是，西门庆很忙，没时间去看。三番五次地推脱。

过两日，那婆子又来叫西门庆去看看。

西门庆烦了：“老冯啊，你不知道我有事啊？我忙得很咧！”

最后，还是答应了去应付一下。但先说好了的，你叫她们什么都别预备，不要麻烦人家，我只喝杯茶就走的。

衙门里下班后，西门庆换了便服过来了。

韩伙计不在家，韩的老婆王六儿引着女儿爱姐出来拜见。

这一见，就出了鬼。

书上写道："这西门庆且不看她女儿，目不转睛只看妇人。"盯着她妈王六儿看得呆了。

西门庆心摇目荡，不能定止，口中不说，心中暗道："原来韩道国有这样一个老婆在家，怪不的前日那些人来鬼混她。"

又见她孩儿一表人物，暗叹道："她妈长的这般人物，女儿有个不好的？"

在西门庆眼里，王六儿才是美女。长得比她女儿还要好看。

那么，美女有没有标准呢？究竟长什么样子的才是美女呢？

研究古今中外的审美观念，其实是随着地域的不同而不同、时代的变化而变化的，不能一概而论。

但是，任何地区或时代，总是有一个主流的审美倾向。

拿唐代来说，流行"胖"的，那瘦的就要差些。

拿现代来说，流行"高"的，那矮的就要差些。

那么，在《金瓶梅》中，流行什么样子的美女呢？我们不妨来看一下：

卓二姐，名妓出身，身子瘦怯。

潘金莲，有姿色，缠得一双好小脚儿。

孙雪娥，五短身材，轻盈体态。

李瓶儿，生得甚是白净，五短身材，瓜子面儿，细弯弯两道眉儿……

遍查《金瓶梅》全书，绝大多数美女，多是倾向于五短身材、小脚儿、白皮肤这一类的。

而孟玉楼是个大个子，就绝不是主流了。

五短身材，在今天看来已经算不上什么美了，为什么在过去会流行“小巧型”的美女呢？

这其实与当时的社会环境是分不开的，一夫多妻制嘛，老婆太多了，要是个个都身强体壮如狼似虎，那男人哪还吃得消呢？

所以，小巧、五短、瘦弱型的美女才会逐渐演变成那个时代的主流。健康的、有活力的美女，反而成为被排斥的对象了。

这其实是一种压抑的美、扭曲的美、病态的美。

话说当西门庆见到王六儿时，不禁眼前一亮，叹了又叹。

那么，西门庆眼中的美女王六儿，她究竟长的什么样子呢？书上是这样写的：“生的长挑身材，紫膛色瓜子脸。”

“长挑身材”，就说明她是个高个子。“紫膛色脸”，皮肤肯定不算白。

因此，王六儿在当时的审美观念中，是不能算美女的，或是非主流的。再者，她的脸型也不是很好看，并非标准的瓜子脸。

但是，长挑身材、紫膛色脸、体态妖娆、精神秀丽，这些词正好说明了王六儿是个健康型的、有活力的女人。

有活力的女人，就是比病殃殃的美女更吸引人。

另外一个原因，就是西门庆一眼就发现了王六儿其实是个喜欢偷情的人。

西门庆是有这个本事的，他怎么发现的呢？书上写道：“未知就里何如，先看她妆色油样。”

不需要详细了解，只看她愿意把自己打扮成什么样子，就知道她是个什么样的人了。

什么样的人呢？“若非偷期崔氏女，定然闻瑟卓文君。”都是偷情的行家。

但不管怎么说，西门庆被王六儿这样一个并非美女的人迷住了，在当时的审美观念下，这实在是一件让人不可理喻的事情呀。

西门庆怎么可能看得上她呢？

所以后来潘金莲骂王六儿是“一个大摔瓜长淫妇，大紫腔色黑淫妇。”骂西门庆贱！“我不知你喜欢她哪些儿！”

就是当时，连王六儿自己也不相信，还去问冯妈妈：“他（西门庆）家里神仙相似的几房娘子，他肯要俺这丑货儿？”可见她自己也认为是丑的。

都想不通啊。

还是冯妈妈解释得好：“自古情人眼里出西施。”

哪个晓得他哪根神经出了毛病，反正他是看上你了，也是你缘分凑巧。

48 古代女人是如何傍大款的？

在小说《金瓶梅》中，西门庆始终保持着一惯的“君子”形象，基本上不说下流话。当他看上了韩伙计的老婆王六儿后，并没有去诱骗调戏王六儿。

因为西门庆是相当老练的。

他一开始还不愿意去，并说我去了只喝杯茶就走的。但这一去，就被王六儿迷住了。

不过，西门庆还真的是说话算话，还真的是只喝了杯茶就走了。

话说这一日，西门庆找到冯妈妈，说她帮忙找人跑路辛苦了，就给了她1000块钱。

那婆子连忙磕头谢了。

西门庆又问：“你这两日，没到她（王六儿）那边走走？”

冯妈妈说去了的。然后两个人说了一回话，见左右无人，西门庆对婆子道："你闲了到她那里，取巧儿和她说，就说我上覆她，闲中我要到她那里坐半日，看她肯也不肯。我明日还来讨回话。"

这是西门庆的原话。

你看，这西门庆真够滑的，话说的非常有水平——等几时闲了，我到她那里坐坐。并没说有别的什么意思，只是去坐坐。

那婆子吃了饭，锁了门，来到王六儿家。

两个拉家常，说够良久，看看说得差不多了，冯婆子道："我和你说个傻话儿，你老公不在家，前后空落落的，你晚上一个人不怕么？"

王六儿道："你还说哩，你晚上肯来和我做做伴儿？"

冯婆子道："只怕我一时来不成，我举保一个人来与你做伴儿，你肯不肯？"

王六儿问："是谁？"

冯婆子掩口笑了，说是西门庆。又说："这里无人，你若与他凹上了，愁没吃的、穿的、使的、用的！走熟了时，到明日房子也替你寻得一所，强如在这僻格剌子里。"

看到这里，才恍然大悟，原来西门庆从来也没有表露过对王六儿有非分之想的意思。因为他只是很有分寸地说"来坐坐"而已。

而那冯婆子却心怀鬼胎，怂恿王六儿去媚西门庆。

只要能傍上西门庆这个大款，好处多得是，王六儿岂不动心呢？只是缺乏自信，怕西门庆看不上她。

所以王六儿才说："他家里神仙相似的几房娘子，他肯要俺这丑货儿？"

但那冯婆子很善于分析人的心理活动，她对王六儿分析道：

西门庆他是个大忙人，若不是心思在你身上，昨天怎么会有闲工夫巴巴的肯到我那里说话？他说要来坐坐，怎么迟不说早不说，偏偏要等到前后没人时了，才和我说？

于是，根据这两点，那冯婆子很有把握地鼓劲道："典田卖地，你两家愿意，我莫非说谎不成！"

既然冯婆子说西门庆是情人眼里出西施，看得上王六儿，王六儿也就动了心思，开始考虑如何才能刮上西门庆这个大款。

话说这一天，那冯婆子都对西门庆说了，西门庆就又给了1000块钱叫她去买酒菜。

王六儿也把家里收拾得干干净净，熏香设帐，预备下好茶好水。

约下午时分（上班时间），西门庆穿着便衣过来了，在客厅坐了一会儿，王六儿才打扮得齐齐整整，出来拜见。

王六儿说，女儿嫁了这么好个人家，全靠您费心了，莫大之恩啊。

西门庆说，哪里哪里，若有什么不周到之处，你两口儿休抱怨。

然后，上了茶，两人先是东扯西拉，接着居然竟是："妇人陪坐一回，让进房里坐。"

这王六儿算是厉害的了！她直接叫西门庆到她房里去坐，引大款入室。

西门庆当然也就客随主便了，进入到了她的房里，规规矩矩地。

哈哈，这西门庆还在装正人君子，让那个女人牵着他的鼻子走。

进到房里，西门庆抬望眼，看到了什么？看到的是王六儿的床头窗上帖着一些剪纸图案。

这图案是有内容的，乃是"张生遇莺莺"的故事，取材《西厢记》。讲的是一对素不相识的妙龄男女，偶遇之后，由奸情发展成了爱情的故事。

西门庆正在欣赏"张生遇莺莺"时，那王六儿又上茶来了。

西门庆接到手里一看，是"一盏胡桃夹盐笋泡茶"。

列位看官，这一盏茶，可是大有名堂的咧！就连研究茶道的专家，也未必见到过呀。

一个圆形有条缝的胡桃，夹住一根长形的盐笋。喻意非凡，暗示着男女身上的两个器官。

这王六儿简直太有创意了，将这样一盏暗示性极强的茶端给西门庆，分明是一种挑衅！就看你西门庆敢不敢吃下老娘的这盏泡茶！

书上只写了五个字：“西门庆吃了”。

吃是吃了，但吃了之后，没有任何反应，也没动手动脚，王六儿急了，下一步怎么办呢？

再摆酒。这酒不是摆在餐厅，也不是客厅，就摆在她的房里。西门庆坐她床上，她坐在旁边凳子上。

两个在房中，杯来盏去，彼此饮够数巡，西门庆还在装正经，王六儿就“把座儿挪近西门庆跟前，与他做一处说话，递酒儿。”

这一“挪近”，西门庆就把持不住了，搂过脖子来亲嘴。王六儿更主动，书上写道：“妇人便舒手下边，笼攥西门庆玉茎。……”

终于把这个大款搞到床上去了。

西门庆是下午来的，和她一直缠到晚上十点多才回家。

王六儿干的事，是西门庆的六个太太们都干不出来的，“可在西门庆心坎上”。

西门庆想着这个甜头儿，隔两日，又骑马来。

49 从《金瓶梅》看明朝的社会风气

王六儿在认识西门庆之前，《金瓶梅》的作者就已经对她作了一个大概的勾勒：王六儿是韩道国的老婆，乃是宰牲口王屠夫的妹子，因排行老六，故称王六儿。她生得长挑身材，瓜子面皮，紫膛色脸，约二十八九年纪。身边有个女孩儿，一家三口儿度日。

韩道国还有一个弟弟韩二，名唤“二捣鬼”，是个耍钱的捣子，在外边另住。

这韩二，“旧与这妇人有奸。”（这妇人指王六儿。）

由此可知，王六儿以前也不是什么好鸟。

且说韩道国帮西门庆管理生意去了，很少回家，经常在铺子里住。街坊上就有几个浮浪子弟，见王六儿一个人在家，搽脂抹粉，打扮得乔模乔样，便想占她的便宜。

书上写道：“人略斗她斗儿，又臭又硬，就张致骂人。”可见这王六儿还是比较泼的，并不好上。

而韩二捣鬼却因为是她小叔子，所以方便上门。“他便时常走来与妇人吃酒，到晚夕刮涎就不去了。”白天来串门，晚上也不回去。

这样一来，“街坊这些小伙子儿，心中有几分不愤。”

为什么心中不愤，因为韩二捣鬼可以正大光明地跑来“通奸”，而他们却只能眼巴巴地干看着。

读到这里，可以知道：王六儿、韩二捣鬼、街坊这些小伙子，这三方人，其实也都不是什么好鸟。

街坊这些小伙子们，以车淡、管世宽、游守、郝贤这四少为首，暗暗三两成群，背地讲论，打听出王六儿与他小叔子韩老二这件事来。大家便定计“捉奸”。

原来韩道国这间屋门面三间，两边都是邻舍，只有后面可以翻跃，而后门有个水塘。这伙人就暗使年龄小的白天假装在水塘边捕蝴蝶，夜晚扒在墙上看觑，单等韩二进去，好捉奸。

不想那日韩二捣鬼打听他哥不在家，大白天就拧了酒来和王六儿吃，吃醉了，倒插了门，就在房里干事。

不防众人睃见踪迹，扒过来，把后门开了，众人一齐进去，掇开房门。韩二夺门就走，被一少年一拳打倒拿住。

王六儿还在炕上，慌穿衣不迭。

一人冲进去，先把裤子抢在手里，都一条绳子拴了出来。

就这样，王六儿与她小叔子韩二通奸，被逮了个正着。须臾，围了一大阵人，都来看热闹，哄动了那一条街巷。

下面，作者笔锋一转，详细描写了一个无关紧要的跑过来看热闹的人。

话说当时听说有人通奸被逮住，捆起来了，这一个来问，那一个来瞧，围了一大阵人。

内中一个老者也围了过来。

那老者见男女二人被拴在一根绳子上，便问左右看热闹的人："此是为什么事的？"

旁边有多嘴的就说了："你老人家不知，此是小叔子奸嫂子的。"

那老者点了点头儿，说道："可伤，原来小叔儿要嫂子的，到官，叔嫂通奸，两个都是绞罪。"

这个凑热闹的老者，一本正经的模样。当然了，"老者"，在我们一般人的心目中，多是楷模、尊者的形象。

那旁边又有一个多嘴的，就插口问了他一句："你老人家深通条律，象这小叔养嫂子的便是绞罪，若是公公养媳妇的，却论什么罪？"

那老者见不是话，低着头一声儿没言语走了。

为什么呢？作者写道：那个老者姓陶，在当地是个"有名的"，叫做"陶扒灰"。

扒灰，就是公公与媳妇通奸的意思。他家里三个儿子，一连娶了三个媳妇，这三个媳妇全部都被他扒了！

但是，他从来没被捉住过，现在却幸灾乐祸地跑来凑热闹。

所以作者评曰：各人自扫檐前雪，莫管他人屋上霜。

读到这里，我们发现，《金瓶梅》中的各色人物，都不是什么好鸟！不说是坏人，至少不能算好人。作者为什么要这样写呢？与主线无关啊。这只能说，作者在不经意间，描绘出了当时的"普遍社会风气"。

他并不是为了有意地刻画某一个人而写的，而是活生生地再现了当时社会风气的一种"普遍现象"。注意，这是一种普遍现象。

明朝中叶，经济活跃，萌芽资本主义兴起，旧的道德、文化、伦理被无情地摧毁，新的又没有形成。淫风充斥整个社会。

从上到下，淫风盛行，笑贫不笑娼。正德皇帝一上台，就在西华门造“豹房”，众娼妇纷纷到“豹房”陪他淫乱，生活极其糜烂。士大夫纵谈房中术司空见惯，官宦人家年轻媳妇也“春宫尤精绝”。

物质丰富，精神空虚。这就是当时社会处于大转型期的真实写照。

小说中的西门庆，就生活在那个年代。相比之下，他可能还好点。

第四回，小说写西门庆与潘金莲偷情时，“不到半月之间，街坊邻舍都晓得了。”也没哪个说他。

到第十三回，与李瓶儿偷情时，就把街坊邻舍都瞒住了，哪个晓得？只是被家中人发现了。

再到第三十七回，与王六儿偷情时，都是便衣、小帽、带着面纱去的，已经是“瞒的家中铁桶相似”。这西门庆是越来越重视形象了。

50 王八是怎样炼成的

世界上的人，形形色色，什么样的都有。今天就讲一个王八。

自从王六儿勾搭上了西门庆之后，西门庆见她一人在家不太方便，就买了个丫鬟给她使唤。

这天，西门庆又来了，拧着酒来的。

西门庆道："我前日见你这里打的酒，都吃不上口，我所以拿了这坛酒来。"

王六儿道："正是这般说，俺们不争气，住在这僻巷子里，又没个好酒店，哪里有上样的好酒来吃？"

西门庆便说："等韩伙计回来了，你和他计较，到狮子街那边，替你买所房子，你两口子都搬到那里去住罢。离铺子又近，买东西诸事方便。"

王六儿道："爹说的是。看你老人家怎的可怜见，离了这块儿也好。就是你老人家行走，也免了许多小人口嘴——咱行的正，也不怕他。”

从这一番对话可以看出，王六儿是个相当聪明的女人。

当西门庆说“你这里没有好酒”，她就说“我们住的这巷子太偏僻了”；

当西门庆说“我替你买所房子”，她就说“说的是，这样就是对你也好”。

王六儿和别的女人不同，她从来不主动向西门庆索要财物，都是旁敲侧击的。结果就是，在和西门庆有染的所有女人中，王六儿获取的利益最多！同时，也最讨西门庆喜欢。

不久，王六儿的老公韩道国从东京回来了。

韩道国不认识那新买来的丫头，便问道：“这个是哪里的大姐？”

王六儿说：“这个是咱新买的丫头，过来，与你爹磕头！”

那么，韩道国会不会因此而发现老婆与西门庆的奸情呢？若发现了，究竟是像武大郎那样冲上去捉奸？还是像来旺儿那样叫他白刀子进去红刀子出来？

都不是的。

《金瓶梅》中最离奇的一幕发生了，王六儿竟然自己主动把和西门庆通奸的事，都一五一十地向她老公说了！

自从你去了东京之后，西门庆来了三四回，我才好不容易让他为咱们买下了这个丫头使唤。你的那个老弟不知高低，还想来这里放水，那次恰好与西门庆撞见了，拖到衙门里，打个臭死，至今再不敢来了。西门庆见不方便，就要替我们在大街上买一套房子，叫咱搬过去住。

就像是在谈一桩生意一样。

韩道国听了说，噢，原来是这么回事，怪不得他今天这么大方。

王六儿说先把房子的事办好，“也是我输了身一场，且落他些好供给穿戴。”

韩道国就又对老婆交代道：“等我明日往铺子里去了。他若再来时，你只推我不知道，休要怠慢了他，凡事奉承他些儿。如今好容易赚钱，怎么赶的这个道路！”

这年头赚钱不容易啊，好不容易才谋到这个赚钱的差事。

所以“凡事奉承他些”，“休要怠慢了他”。

所以他自己甘愿当个王八。

老婆笑道：“贼强人，倒路死的！你到会吃自在饭儿，你还不知老娘怎样受苦哩！”

最后是，两个人又说笑了一回，都开开心心的，吃了晚饭，睡了。

第二天一大早，韩道国拿了1000块钱（一两银子），去感谢那位帮了大忙的冯妈妈，究竟谢她什么，俱不必细说。冯妈妈前前后后跑断两条腿，还是出了不少力的。

这样一来，西门庆、韩道国、王六儿、冯妈妈，所有的相关人员，个个都是暗自喜欢。

除了没人在乎的“道德”被彻底践踏与蹂躏之外，似乎大家都成了受益者！这也是《金瓶梅》中特有的“皆大欢喜”吧。

新房子位于最繁华的狮子街，共花了一百二十两银子，合人民币120000元，虽不十分宽敞，但对于久居陋巷的韩道国夫妇来说，这已经是相当不错的了。

话说这一天，韩道国又请西门庆到他家里去喝酒。

喝了一会儿，韩道国中途溜走了，到铺子里去了。屋里只剩下西门庆、王六儿两人，于是，很自然就干上了。

西门庆还有些担心被韩道国发现了，就说：“只怕你家里的嗔是的。”

王六儿说：没事儿！“那王八（韩道国），七个头八个胆，他敢嗔！他靠着哪里过日子哩？”

说自己老公是个王八。

韩道国把西门庆请来，然后自己去了，让西门庆上他老婆，局外人是很难知道的。书上写外人的错觉，“只道西门庆去了，韩道国在房中宿歇。”却不知是西门庆在里面。

韩道国反而成了一个最有效的挡箭牌。

此后，西门庆一个月要来三四次，每次来，总要给王六儿留些零花钱。

下午还没下班，三四点钟时就过来了，到了晚上十点多钟，就准时按点回家。“瞒的家中铁桶相似”。

夜里回到家中，太太们问他：“你今日在谁家吃酒来？”

西门庆就会理直气壮地回答：“今天，是韩道国请我。”

不过，后来还是被最细心的五太太潘金莲有所察觉了。

潘金莲说：“韩道国请你？他便在外边，你又照顾他老婆了。”

西门庆道：“韩道国是个伙计，伙计家，哪里有这道理？”

潘金莲道：“你还捣鬼哄俺们哩，俺知道的不耐烦了！你悄悄把李瓶儿的簪子偷与她戴，这一大家子人，哪个没看见？那淫妇被我当面问了一句，她把脸儿都红了，难道她没告诉你？”

但是，西门庆还在嘴硬，坚执不认，笑道：“只管胡说，哪里有此勾当？今天是她老公陪着我喝酒，哪有你说的那样。”

潘金莲道：“谁不知道她男人是个王八！人家把老婆丢与你，是图你买卖做，要赚你的钱使。人家其实都比你精明，你这个傻行货子！”

51 《金瓶梅》中最黑的一场官司

扬州有一员外，名唤苗天秀。家有万贯资财，年四十岁，身边无子。这年，他带着两箱金银、一船货物，和苗青、安童两个小厮，上东京求官。

不料，苗员外所乘之船是条贼船，两个艄子：一个叫陈三，一个叫翁八，皆是不善之徒。而家人苗青因为前日与员外小妾通奸，被员外狠打了一顿，所以这苗青深恨家主。

苗青便与两个艄子密密商量，说苗员外带有一千两金银，二千两缎匹。如果你二人能将他谋死，愿将此横财均分。

当夜，天气阴黑，三鼓时分，陈三手持利刀，杀了苗员外，推在洪波荡里。

那安童正要走时，被翁八一闷棍打落水中。

三人开始分赃。

金银合人民币100万元，货物价值200万元。但两个强盗不敢要货，怕被人发觉，只拿了金银和衣服。货物全归了苗青。

这苗青另搭了船只，将货物运到了清河县发卖。而清河县的人都认识他是扬州的客商，以前走熟了的，所以也没人怀疑。

不想那安童被一棍打昏，虽落水中，却没有死，被一老渔翁救起。一日，老渔翁带着安童在街上卖鱼，正撞见陈二、翁八在船上饮酒，且穿着他主人的衣服。这安童便暗暗写了状子去告状。

状子到了提刑院，夏大人见是杀人命案，不敢马虎，就把状子批了，差谴公人，将陈三、翁八捕获归案。

两个强盗见安童还活着，也就没抵赖，一一都招了。

这个时候，似乎就可以结案了。但是，那两个强盗把苗青也供出来了，说当时还有员外的家人苗青也是同谋，分了赃而去。

于是，夏大人又差人去访拿苗青，一起定罪。

衙门中早有人透出信来，苗青慌了，把店门锁了，躲到经纪人乐三家中。

这乐三就住在狮子街韩道国的隔壁。他的老婆乐三嫂，与韩道国的老婆王六儿交情极好，知道这事后，就对苗青说：“不要紧，隔壁韩家的在西门提刑老爹面前说得起话，你破些财，我过去和他家说说。”

苗青听了，连忙下跪，封了五十两银子（人民币 50000 块钱），两套妆花缎子衣服，就叫乐三嫂拿过去，对王六儿说说。

这王六儿勾搭上了西门庆，好处还真是多，有人找她走后门跑关系了，不仅能赚钱，而且还很有面子的，这个面子太呀，和吴月娘、李瓶儿一个级别的了。

书上写道：“王六儿喜欢的要不的，把衣服、银子并说帖都收下，单等西门庆。”

西门庆来了。

王六儿就把帮苗青说情的事都对他说了。

西门庆听后问道："他拿了多少礼物谢你？"

王六儿就把五十两银子取出来给西门庆看。

西门庆看了，笑道："这些东西，你要他做什么？……"

为什么不要呢？西门庆对王六儿说出了原因："……你不知道，这苗青乃扬州苗员外的家人，在船上与两个船家杀害了家主，谋财害命。他这一捉进去，稳定是个死罪。那两个船家供出他有二千两银货在身上。拿这些银子来做甚么？还不快送与他去！"

不要人家的东西。笑着连说了两遍。

这西门庆不愧是奸商出身。

西门庆的笑，一定是在奸笑。你看，他这个执法的提刑官，明明知道凶犯就躲在隔壁，他却不捉！不仅不捉，而且人家送的礼，他也不要，叫把礼物快退回去。

那么，西门庆究竟想要什么？

西门庆说的话，只表达了两个意思：

第一，如果你被捉住了，你绝对是个死罪！

第二，人家已经供出你手上还有二千两（合人民币200万元）的银货！

这么说来，西门庆就是嫌5万块钱太少了，他想的是怎样把这200万元的货款通吃了！

注意：他可没这样说，他说的是不要收人家的礼。

这样做，有没有风险呢？没有。

一是证据本身比较含糊；二是只要处决了两个强盗就可以瞒住；三是只要苗青不被捉住，就不会结案；四是就算出了事，还可以寻求蔡太师庇护。

在这个案子中，西门庆是完全可以"秉公执法"的，但他选择了"不秉公执法"，反正也没啥损失，还可以获取巨额利润。

在这种利益的驱使下，西门庆赚下了最黑心的一笔钱。一伙强盗冒着杀头的风险，都为西门庆白干了。

那个苗青认为用全部财产买一条命还是值得的，就托经纪人乐三把货全部卖了，共卖了一千七百两银子。

这一天，苗青将一千两银子（100万元人民币）装在四个酒坛内，又宰了一头猪，假装送菜的，十分隐蔽地送到了西门庆的府上。

剩下的还有几百两（70万），衙门里上下各级都一一打点了。给王六儿的，又另外再多加了五十两银子（5万）、四套上色衣服。自己就没多少了，仅仅只落了点少许的余钱。

最后，西门庆叫苗青跑路，再不要露脸了。反正捉不到苗青，就永远不能结案。只把两个强盗处死，也就了了事。（这个案子后来还是被告到上面去了的，不过到了蔡太师那里，就被压住了）。

且说当时西门庆白赚了苗青的100万元钱后，就把夏提刑叫到他家里来喝酒，说要分一半给夏大人。

夏大人说："这你就不是了，这是你费的一番心，何得见让于我？决然使不得。"

彼此推辞半日，还是两家平分了，装在酒坛内，还当酒抬送到夏提刑家。

王六儿一共赚了10万元，打了一些首饰，又买了一个丫鬟，还盖了两间平房。

夏提刑赚了50万，为儿子夏承恩（十八岁）跑关系买了个武举，好安排工作。

西门庆赚了50万，则请人看风水，重新修修缮祖坟。

各人都在暗自欢喜地做着自己心里想做的事。除了没人在乎的"公道"被彻底践踏与无情的蹂躏之外，似乎所有的相关人员，都成了受益者。这也是《金瓶梅》中"皆大欢喜"的一种结局了。

52 解读《金瓶梅》中的饭局

吃饭，对于普通人来说，就是吃饭。对于西门庆来说，则是一种“投资”，该投的就大投，不该投的一般不会乱投。

西门庆以前有个穷哥们，关系还比较好，名叫白赉光。后来西门庆发财升官了，就渐渐和他来往得少了。

一天晚上，白赉光来了，守门的门卫说西门庆不在家。

那白赉光不信，直接走了进去，说这么晚也该回来了，我再等等。就一屁股坐在椅子上不走了，单等西门庆回来。

不料，西门庆从屋里出来，撞见了，又不好推辞，只得陪他坐了。

坐了之后，这西门庆睃眼上下打量他：

只见他头上戴着一顶洗了乏白的旧帽儿，身上穿着一件磨坏了领的白布衫，脚下一双鞋，绽开了口，隐约看到里面黄颜色的袜子。

西门庆也不叫茶，两个人就这样干坐着。

白赉光说：“一向没来看望大哥。今天特地来看看。”

西门庆就说，最近很忙，衙门里事多，辛苦的不得了。

坐了一会，没走。

又坐了一会，那白赉光还不走。西门庆见他没有去的意思，只得叫人上菜，西门庆陪着他喝酒。

吃的是：四碟小菜，一碟面筋、一碟烧肉。只上了一道荤菜，招待这哥们。

吃了一会，西门庆又叫他换大杯子喝酒，也不继续上菜了，这白赉光连吃了几大杯才起身。

白赉光走了之后，西门庆大怒，把看门的打了二十，怪他没守好门。

可见，要吃西门庆一餐饭，还是挺不容易的。

这白赉光，对于西门庆来说，是一个没有投资价值的人，马马虎虎招待一下他，也算是够意思了。不必多说。

而蔡状元来了就不同了。

蔡状元是南方人，名叫蔡蕴，号一泉。他刚考中了状元，就拜在权臣蔡京门下，成为蔡太师的干儿子。因此，这个蔡状元才是个真正的“潜力股”，投资价值巨大。

蔡蕴中了状元之后，功成名就，前程似锦，他就打算回家去探一下亲。探亲的时候，必须要从西门庆那里经过，西门庆打听到了这个消息，就决定要在他身上好好的投资一下。

西门庆备下酒席，又叫了一班苏州戏子来唱戏。点心就摆了两桌，一共有三十样，都是细巧果菜、鲜物下酒。

吃到天黑，蔡状元起身告辞的时候，西门庆就问他，您是住在哪个宾馆里呀？

蔡状元当时还很穷，虽然中了状元，但手里也没几个钱呀。所以，蔡状元就很不好意思，说暂时寄居在城外的一个寺庙里。

西门庆说那怎么行，硬是拉着他到自己家里去睡。

夜里又接着吃酒。吃着吃着，蔡状元借故出去解手，把西门庆也拉到外面，十分尴尬地说道："学生此去回乡省亲，路费缺少。"

钱，对于西门庆来说是小意思。西门庆送了蔡状元一些礼物：

金缎一端，领绢二端，合香五百，白金一百两。估价：十几万人民币，作为蔡状元回乡探亲的路费。

蔡状元感叹道："十数金足矣，何劳如此太多！"本来只打算借个几千块钱路费的，西门庆一次性就给了他十几万。

西门庆是不会把钱白送人家的。

巴结蔡状元，是因为料定他日后必定发达。果然，不久，蔡状元就被朝廷任命为两淮巡盐御史，到扬州上任时，再次经过西门庆家，又来拜访"富而好礼"的西门大官人。

这消息，当时就轰动了东平府，市井传言："巡按老爷也认的西门大官人，来他家吃酒来了。"

慌得那周守备、荆都监、张团练等大小官僚，各领本哨人马把住左右街口伺候，给足了西门庆面子。

这时候的蔡状元，已是个新上任的高官了，非比往日。他穿着大红獬豸绣服，乌纱皂履，鹤顶红带，坐着大轿，打着双檐伞，从人执着两把大扇，径直来到西门庆家。

"富而好礼"的西门庆再次盛情款待。这一次接待的规格更是非同寻常。

西门庆叫备下大桌面酒席。说不尽的肴列珍羞，汤陈桃浪。家人、吏书、门子人等，另在厢房中管待，不必细说。

就连跟班的那些下人们，西门庆也叫给他们每一位各发五十瓶酒、五百点心、一百斤熟肉，都领了下去。

书上写道："当日西门庆这席酒，也费够千两金银。"

这一餐饭吃了多少钱？合人民币1000000元。西门庆当时算是下了血本。把个蔡状元感叹地直说：不知何日再来。

这还没完，吃了饭，又送礼物：把桌上的金银酒器都送给了蔡状元，装好后，一共有二十抬。另有“两坛酒、两牵羊、两封金丝花、两匹缎红、一副金台盘、两把银执壶、十个银酒杯、两个银折盂、一双牙箸”等等，难于细述。

到了晚上，西门庆叫手下人去妓院叫两个小姐来：“打后门里用轿子抬了来，休交一人知道。”

因为当时，律令禁止官员嫖妓。

小姐来了，一个叫董娇儿，一个叫韩金钏，都是无名之辈。

董娇儿陪了蔡状元一夜，蔡状元虽升了高官，但是现在还没什么钱。再者，以往穷小气惯了的，没有撒钱的习惯。所以他就题了一首四句诗送给董娇儿，又用红纸大包封着银子给她。

看起来是一大包钱，董娇儿打开一看，其实只有一两（人民币1000块钱）。

小姐很生气，认为那首诗，值个狗屁的钱！那不能算数，所以一气之下，就去找西门庆纠缠。西门庆说：“他哪里有大钱与你！这个就是上上签了。”

最后，西门庆又一人补发了五百块钱，才依然从后门把两个小姐送走了。

西门庆下了这么大本钱，后来的收益也十分可观，在蔡状元的庇护下，一笔就又赚回来了。生意做得更大了。

再后来蔡太师又过生日的时候，西门庆又送，蔡太师一高兴，也把他收为干儿子。夏提刑调走之后，西门庆就由副职升为正职，坐了夏提刑的位置，成为一名正牌的大宋提刑官。

53 从《金瓶梅》解读明朝的特种行业

特种行业，一般都是有巨额暴利的，而且也容易受到官方的限制。

在小说《金瓶梅》中，有对当时特种行业比较细致地描述，我们从西门庆涉足的一些特种行业，可以大概了解到那时的社会人情风貌。

（一）放高利贷

历朝历代都禁止重利盘剥，《大明律》规定："凡私放钱债及典当财物，每月取利并不得过三分。"一个月的利息最高不能超过3%，超过了就算赃款。

《金瓶梅》中，有两个商人李智、黄四接了朝廷的香蜡生意，但缺少本钱，就向西门庆贷款。

谈好借银一千五百两（人民币150万元），每月付利息5%（人民币7.5万元）。比朝廷禁令高2个点，这就是重利盘剥了。

那么，西门庆为什么要盘剥他们？

其实，西门庆一开始根本就不想做这笔生意！还是他的兄弟应伯爵劝他："哥若不做，他另搭别人。"可见，你不借，从别处照样也能借到月息5个点的贷款。

这说明什么？说明当时民间贷款都是5个点，3个点的大款子你贷不到。（从其他小说中也能看到一年的利息是60%，正好一个月5个点）这是普遍现象，所以朝廷的禁令就禁不住市场的需求。

不是说西门庆很坏很黑良心，要故意盘剥人家，真是那样的话，他想收5个点，若人家只收3个点，那谁还找他贷款呢？生意肯定就做不下去了的。所以市场行情应该都是差不多的。

既然找谁都可以贷到5个点的款子，那么这两个商人为什么一定要找西门庆呢？

因为西门庆，是衙门中人，当大官的，若借了他的钱，客户还可以顺便仗着他的势了，许多事肯定要好办些，所以那些客户们当然就乐意选择向西门庆贷款了。

但是请记住，什么时候都是"欠钱的才是爹爹"，哪怕你是西门庆。

看看这两个商人吧，他借了就不还，还了马上再借，最后欠下了六百五十两（人民币65万），一直拖到西门庆后来死的时候也未还清，硬是逼不出来，只好不了了之。

（二）开当铺

"典当"是一种以实物做抵押的借贷形式。

一般典当行对抵押物品的估价，肯定要远远低于实际价格。你把好货拿来抵押了，就可以贷到3个点的款，以后还了钱，就可以把好货再赎回去。

如果一直不还钱，就按利息扣，扣上三年，本钱就全部扣完了，抵押物也就彻底变成老板的了。

西门庆开的当铺非常赚钱。"一日也尝当许多银子出门"。

《金瓶梅》第四十五回，白皇亲家拿来一座“大螺钿大理石屏风”，两架“铜锣铜鼓连铛儿”，要当三十两银子（人民币3万块钱）。

西门庆和应伯爵一同来看货，端的是好货，仅一架屏风，最少能值五十两银子（人民币5万块钱）。这一笔肯定是赚大了，所以西门庆担心他过几天再赎回去。

应伯爵说，白家虽贵为皇亲，但已经是走下坡路了，靠典当度日，他拿什么赎?过个三年，本利就抵消了。

西门庆把这几样东西买下后，擦得干干净净，安放在大厅正面做装饰，非常气派。

在小说中，西门庆多次用极低的价格，买下没落贵族的奢侈品，摆在自己家里用，既节约，又气派。

他家里所用的诸多生活物品，都是赎不回去的典当物。如潘金莲用的“大四方穿衣镜”，李娇儿穿的皮袄，也都是人家当的。

（三）贩盐

食盐，是百姓生活的必须品，取自海水，易制易得。所以经营食盐，一本万利，历代官府都是垄断经营。

明代由户部尚书监管盐政，富商大户们凭政府发的“票”（即“盐引”）经营，盐引是经销食盐的许可证。

无盐引而经销食盐，就是贩卖“私盐”，（其实盐还是那个盐）必将受到严厉的惩罚。朝廷还专门委派御史巡视。

当时，蔡状元被任命为两淮巡盐御史，到扬州主持盐政。西门庆“富而好礼”，热情款待了他。

酒席上，西门庆对蔡御史说，他手上有些盐引，正在蔡状元管辖的扬州，以前老是被卡，希望蔡状元到了那里，多多关照，早些支放，就是爱厚。

蔡御史看了，笑道：“这个什么打紧……我到扬州，你等径来察院见我。我比别的商人早掣取你盐一个月。”

西门庆道：“老先生下顾，早放十日就够了。”

早十天、晚十天，商品的价格是大不相同的。

西门庆由于结交了蔡御史，他的食盐总是能早早支出，抢在别的商家之前，运到湖州、南京发卖，得了个好价钱，占尽了先机，获得了十倍的利润！

在小说《金瓶梅》中，西门庆的经营手段多种多样，有合法收入，也有非法收入，而大多数收入，都是介于这两者之间的。

第一回西门庆出场的时候，全部资产只是“县门前开着个生药铺”，在县里只能算中等偏上。

后来生意越做越大，到了第五十四回的时候，西门庆已是“山东第一个财主”。成为一个省的首富了。

在那个时候，要想成为首富，还得做官府管制的买卖才行。

54 古人如何处理医疗事故

医生，其实是个风险较大的职业，因为医疗事故及纠纷，随时都有可能发生。

我国古代历朝都对医生监管得很严，按明律中规定的，医生如果治死了人命，可能会被划为“故意杀人”或“过失杀人”，都是杀人罪。

不过，医术再好、医德再高的医生，也总是会有10—20%的概率发生医疗事故。

也就是说，世界上不存在百分之百包治百病的神医，平均每十人中总会有一两个患者可能要倒霉。

那么当患者遇到这种情况时怎么办呢？没有办法，只有尽可能的选择技术最好的、最信的过的医生就医。否则的话，就算严惩了医生，吃亏的还是你。

话说有一天，西门庆的独生儿子西门官哥病了，晚上吃了奶后，睡下不多时，就从梦中哭醒，哭了一夜，又发高烧。

全家都慌了，要找个医生来给孩儿看病。

找谁呢？当然是找自己认为最信得过的、水平最高的医生，才最保险。

吴月娘说："我明日叫刘婆子看他看。"

这刘婆子是谁呢？就是以前曾经为潘金莲看病的那个"神秘女巫医"，会使些土方子，又会看阴气的那个婆子。

当时的医疗水平普遍低下，所以刘婆子在女医生中，也可以算得上是水平较高的了。

再说，她平时治的一些小病小灾也确实有效，所以当家里有人生病了，需要请医生时，这些女人们首先就会想到她。

但是，西门庆反对。

西门庆说："休教那老淫妇来胡针乱灸的，另请小儿科太医来看孩儿。"

为什么不要刘婆子来看病呢？主要原因还是瞧不起她的巫术。

儿子是个宝啊，怎么能让刘婆子这种水平的人来"胡针乱灸"呢？应该请正规的"太医"来看，并且还是"小儿科"的专科"太医"，这样才让人放心些。

在吴月娘的心里，是刘婆子的医术最高，最值得信赖；

在西门庆的心里，是太医的医术最高，最值得信赖。

从我们现代人的眼光来看，西门庆是正确的，选择正规的专业医生没错。不过，吴月娘凭着以往疗效颇佳的经验，选择民间非正规的"巫医"，也不是不可以。

总之，两个人就此而暗暗地较上了劲。

第二天一大早，西门庆到衙门里上班去了，吴月娘就叫小厮把刘婆子请来，给了她300块钱，婆子看了，说是着了惊。便为小孩儿灌了些汤药，那孩儿方才睡得稳，也不漾奶了。李瓶儿一块石头方落地。

这一次看病，和以前一样奏效，药到病除。

西门庆中午下班回来了，进门就问："官哥的病好些了没？快叫小厮请太医去。"

吴月娘说："我已经叫刘婆子来了。吃了她的药，已经好了。"

西门庆道："休信那老淫妇胡针乱灸，还是请小儿科太医看才好。既然好些了，罢了。若不好，拉到衙门里去拶那老淫妇一拶子。"

月娘道："你怎么开口闭口的骂人。你儿子吃她的药好了，你还骂人！"

说得西门庆哑口无言。

这一回的较量，以"巫术"胜出而告终。

刘婆子只会更加深得西门庆家女眷们的信赖。后来，那孩儿只要病了，吴月娘都是偷偷去请刘婆子来看。

又一日，吴月娘上楼时，脚下一滑，吃了一惊，早是攀住楼梯两边栏杆，不曾跌下来。唬得脸色蜡查儿黄。

受了惊吓，问题应该不大。但此时的吴月娘已经是身怀有孕，五六个月了，动了胎气，不是小事。肚中疼痛，就要请一个医生来看看。

这回又是"趁西门庆不在家，使小厮叫了刘婆子来看。"

那刘婆子来了，究竟该怎么治呢？按常理，应该是安胎、保胎。但是，那刘婆子叫吴月娘把胎儿打掉了。

书上写道："婆子于是留了两服大黑丸子药，教月娘用艾酒吃。那消半夜，吊下来了，在马桶里。点灯拨看，原来是个男胎，已成形了。"

吴月娘是大太太，并且怀的是个男胎，又已经有五六个月了。结果被那刘婆子一副药给打下来了。这个事应该算得上是一个严重的医疗事故了。

试想，出了这么大的事，要是被西门庆知道了，会怎样？恐怕不会只是“拉到衙门里去拶那老淫妇一拶子”这么简单了。

当“医疗事故”发生之后，紧接着的一个环节就是“医疗纠纷”。

吴月娘有没有和刘婆子发生纠纷呢？没有。

此时的吴月娘，由于担心害怕被西门庆知道了，会迁怒于自己，所以就选择了“隐瞒”。

“瞒过此事，不叫西门庆知道。”

而其他的太太们也担心怕西门庆知道了，会迁怒于自己没照顾好月娘，所以也都帮着隐瞒，还不放心地向吴月娘探询：他爹不知道？

月娘道：“你没的说，倒霉的唱扬了，好让一地里人都知道？”

自己倒了霉，还好意思说出去，让别人都知道啊。

吴月娘最信赖刘婆子这个巫医，结果自己却成为最大的受害者，不仅受了害，而且还不敢说，还要帮巫医隐瞒。打落牙往肚里吞，这在《金瓶梅》中，也是一种无奈的好结局了。

55 明朝社会流行的“道术”

在小说《金瓶梅》里，至少有百分之二十五的回目涉及到了佛家与道家的活动，从第一回到最后一回，时不时就会见到和尚或是道士的身影。

和尚、道士都是出家人，不过，这些出家人，同样也是要赚钱的。

如第四十七回，报恩寺老僧向扬州富商苗天秀化缘，声称堂上缺少一尊镀金铜罗汉。苗天秀便一次性“施银五十两”（人民币5万元）。

又如第五十七回，永福寺长老要重修寺院，向西门庆化缘，并许诺他子孙发迹、家族昌盛。西门庆便一次性“施银五百两”，（人民币50万元）。

小说中描写和尚、道士们向商人化缘求财的情景，比比皆是。有钱的商人，被佛道徒们戏称为“散财童子”、“招宝天尊”。

这里，是和尚、道士们的乐园。没有谁愿意闭门清修，都轮为芸芸众生中为钱奔波的一族。

话说这一年的腊月，快要过年了，西门庆正忙着送礼、收礼。玉皇观的吴道官也叫他的徒弟给西门庆送礼来了。

吴道官送的是什么礼呢？天地疏、新春符、谢灶诰。

用今天的语言来解释，无非就是几幅对联，几张门神、年画，与之类似的一些东东。

成本价，最多不超过人民币30块钱。

西门庆看了，哎呀，真是不好说得，只说“出家人，又叫他费心。”便打发了一两银子，（1000块钱）。算是回礼。

那个道长应该是算好了的，知道西门庆此时的财运最好，出手最大方，所以就选准了这个时机来了。

当然不是只为了这1000块钱，而是还有大业务的。

果然，经吴月娘一提醒，西门庆才想起来，早先在李瓶儿生孩子之前，曾经许过愿了的，一直还没有还愿。现在他来了，那就定下个日子去还愿吧。

最后定在正月初九这一天。

吴道官此刻来送礼，其实是在提醒他、暗示他还愿呢。

西门庆很大方，当即就先给了道士十五两念经的钱，（15000元），书上写道：“喜欢的道士屁滚尿流，临出门谢了又谢，磕了头儿又磕。”

到了正月初八日，西门庆又派人送了吴道官一石米、一担阡张、十斤官烛、五斤沉檀马牙香、十六匹生眼布做布施。这些已经足够他这个道长吃上个大半年的了。

又送了一对锦缎、两坛南酒、四只鲜鹅、四只鲜鸡、一对猪蹄、一脚羊肉、十两银子，（估价12000多元），这是西门庆另外再请吴道官帮他儿子取个别名的小费。

至此，吴道官的生意也拉到了，钱也赚到手了，剩下的就该他干活了。他就全心全意地为西门庆做全套服务，保佑他的儿子长命百岁，升官发财。

这吴道官的确十分卖力，他从早上两点钟（还在夜里）就开始念经，又为西门庆的儿子取了个道名叫“吴应元”，将生辰八字与姓名都写了表，呈报到天宫玉皇大帝那里，永保他富贵遐昌。

太辛苦了。把个西门庆感动得直说：“多有费心。”

这还没完，还要做一百八十道香表。

不一时，打动法鼓，又叫西门庆重新换上了指定的吉服，请他到坛看文书。只见铺设下许多文书符命、表白，共有一百八九十道，甚是齐整详细。

这些，都要请西门庆一一过目。

吴道官陪着西门庆逐一逐一地查看，太多了，西门庆不暇细览，这么多的东西，要全部都看完，那得看多久啊。所以，西门庆见这吴道官十分的卖力，十分的费心，就又叫左右送了一匹布给他。

然后，法鼓擂动，音乐响起。吴道官身披大红五彩法氅，脚穿朱履，手执牙笏，关发文书，登坛召将。引西门庆进坛里，向三宝案左右两边上香。

这一场法事要做一天一夜。总之，程序十分烦琐，把个西门庆折腾的够戗。

为什么要搞得如此隆重、烦琐呢?

看官有所不知，这是江湖人惯用的手法。你试想，吴道官得了西门庆那么多钱，是要保他儿子长命百岁的，以后要是不灵咋办?

所以，这吴道官就必须要表现得十分卖力、十分费心，把西门庆折腾得越累，就越能说明吴道官是尽了心的。

没有功劳也有苦劳啊。

那么，道士辛辛苦苦做了这么大一场法事，究竟有没有效呢？有没有人故意要破他的法呢？

欲知后事如何，且听下回分解。

56 明朝社会流行的“佛法”

正月初九这一天，西门庆不在家，到外面请道士做“道法”去了，而他的大太太吴月娘，则请了尼姑到家里来讲“佛法”。

哈哈，这两口子真有意思。

一个信道，一个崇佛，各求各的事：西门庆在外面求道士保佑他儿子长命百岁；吴月娘在家里求尼姑保佑她生个正房贵子。

吴月娘叫把大门关了，焚下香，秉着烛，把家里所有的女眷及丫鬟们都叫上，都围拢过来，规规矩矩地听大师父王尼姑说“因果”。

说的是：从前有个人，名叫张员外，虽然家中大豪大富，却觉悟到佛法难闻，就弃了家园富贵，往黄梅寺出家修行去了。

张员外日日长跪听经，夜夜参禅打坐。四祖禅师见他不凡，收他做了徒弟，就叫他往浊河边去投胎，他走到浊河边见一千金小姐正在洗衣裳，就扑通一声跳下河里去了……

哈哈，还是个大师父，讲的个啥故事哟。

那大师父王尼姑说到这里时，潘金莲听的瞌睡来了，熬的困倦，还没宣布散会呢，她就一个人先走了，往房里睡觉去了。

不一会儿，丫头来叫李瓶儿，说儿子醒了，李瓶儿也借故先走了。

……接着讲。河边漂来一个桃子，小姐捡起来吃了，回去就怀了孕，怀的就是张员外。五祖一佛性，投胎在腹中，权住十个月，转凡度众生……

又讲又念又唱，折腾到大半夜。大家都熬不住了，又不敢走，就歪在那里打瞌睡。还不散会呀，有人悄悄问几点钟了？有人悄悄答，已经转钟两点多了。

吴月娘只好宣布散会，大家都去睡了。

最后，听经的人就只剩下吴月娘一个人了。

……还在讲。那千金小姐被爹娘赶出了家门，逃到仙人庄，就生下了这五祖，五祖活到六岁，又往黄梅寺听四祖说法，就成了正果。

月娘听了，越发好信佛法了。当晚安排王尼姑和自己睡。

这王尼姑，白天讲佛法，夜里就出奸计。

半夜里，王尼姑问吴月娘，你老人家怎么就不见点喜事呢？你生个儿子出来，强如别人，你看那六太太，进门才多少时？倒生了个儿子，何等的好！

吴月娘哀声叹气，都是各人的命运啊，我原来也怀了一个的，已经六个多月了，后来掉了，至今再没见过什么喜来。

王尼姑就说："也不打紧，俺们同行有个薛师父，五十几岁了，她的符水药很灵，前年陈郎中的娘子，也是小产了几胎，中年无子，吃了薛师父的符药，就生了一个儿子！一家欢喜的要不得。只是用着一件物件儿难寻。"

是什么物件呢？王尼姑解释说："用着头生孩子的衣胞，拿酒洗了，烧成灰儿，伴着符药，用黄酒吃了，一个月就坐胎气，好不准！”

“衣胞”，是俗语，学名叫“胎盘”。

吴月娘听说吃了可以怀孕，就动了心，一定要见见那个老尼姑薛师父。

但是，到哪儿才能搞到一具胎盘呢？不好找啊。

于是，这王尼姑就悄悄地为吴月娘出主意道：“你不如把前头这孩子的房儿，借情刨出来使了罢。”

你看这个宣讲佛法的尼姑嘴脸！她居然出了个这么邪的点子，叫吴月娘把李瓶儿生西门官哥时产下的胎盘，从地下刨出来偷偷吃了！

吴月娘不干了：“缘何损别人安自已。还是我给点银子给你，你替我慢慢另寻一副吧。”最后吩咐道，一定要注意秘密，“你却休对人说。”

那王尼姑拿白眼直翻道：“好奶奶，傻了我？肯对人说！”

过了几天，王尼姑把薛尼姑叫来了。

这薛尼姑的架子很大，道行也高，天天都在大户人家出入。很不容易见到她的咧，能够见到她，那就是吴月娘有缘。

两个尼姑说花了300块钱才买了一副胎盘，好不容易才把药配齐了，并详细交代吴月娘如何如何，包她能够怀孕。

吴月娘暗暗牢记在心。

恰巧，西门庆这天在家里，走过时，瞄了一眼，早看到那两个鬼鬼祟祟的尼姑躲躲闪闪。

西门庆就问吴月娘：“那个尼姑是姓薛的吧？贼胖秃淫妇，跑到我家里来做什么！”

月娘说：“你开口闭口的骂人！她一个出家人，你骂她怎的？她惹着你来？你还不知道吧，她可是有道行的人哩！”

西门庆说："她有道行？你问她有道行一夜接几个男人？"

月娘道："她一个佛家弟子，你怎么要毁僧傍佛的？……咦，你怎么知道她是姓薛？"

西门庆道："你还不知道她的鬼哩！她收了人家几千块钱，竟敢把陈局长的小姐关在尼姑庵里，和一个小伙子偷奸，事发了，拿到我衙门里，被扒了衣服打了二十大板，勒令她嫁个男人还俗。她怎的还没还俗？还在当尼姑？好不好，拿来衙门里再拶她几拶子。"

在我们如今的宗教界，也存在一些骗人的败类，但总的来说，只是少数现象，还算好的。即便如此，还是有人感叹，人心不古，现代人没有古人厚道了，古代的才是正宗的。

看看《金瓶梅》吧，其实根本就不是，古代的佛法比如今可要邪门的多！古代的佛徒也比如今的更会捞钱！那可不是少数现象，而是一种普遍现象。且不知耻。

当时，吴道官给西门庆儿子送了一套小道服，针线异常精巧，被潘金莲看出端倪，敢打赌说道士有老婆，不然哪做得出如此针线活？并马上询问讲经说法的尼姑，你们男寺对着女寺，没的事也有事，莫不是也都有老公？

尼姑是怎么回答的呢？回答说，还是当道士的好啊，他们戴个帽子，换个衣服，哪都可以去了。似俺们这僧家，就没有他们方便喽，都是秃头，一行动，就被认出来了。

57 揭秘：《金瓶梅》中的“胡僧药”是什么

话说有一天，西门庆在永福寺遇到一个洋和尚，生得豹头凹眼，色若紫肝，戴着鸡蜡箍儿，穿一领肉红色僧衣。

西门庆见他相貌十分古怪，心中暗想，此僧必然是个有手段的高僧。

当时，西门庆就询问他是哪里人氏。那和尚回答说：“贫僧乃西域天竺国密松林齐腰峰寒庭寺下来的胡僧，云游至此，施药济人。”

西门庆一听，原来是个卖药的，就把他请到家里去了。

到了家中，西门庆问他喝不喝酒?

胡僧道：“贫僧酒肉齐行。”

西门庆就摆了四碟果子、四碟小菜，八碟荤菜，一道肉圆子汤，一大盘肉包子。

哈哈，这么多菜，都被那胡僧吃了个净光。西门庆又叫添了五道菜，把个胡僧吃得楞子眼儿，便道："贫僧酒醉饭饱，足矣够了。"

且说此时，那个薛尼姑也在西门庆家，正在为大太太吴月娘配怀孕的药哩。

薛尼姑见那胡僧大碗喝酒，大口吃肉，爽的很啦！

尼姑便嘀咕了一句："佛经上说，你吃它一口，到来世须还他一口。"但吴月娘也是常年吃肉的，所以尼姑又补充说，吴月娘可以吃肉，因为她是前世修来的福气。

吴月娘问小厮，前面那个吃肉的和尚在我家里做什么？

小厮说不知道，好像说是在配什么药。

究竟是什么药呢？当时西门庆叫左右拿过酒桌去，把门窗都关了，便向胡僧问求房中术的药儿。

房中术的药，就是性药。

胡僧说："我这药，乃王母传方，老君炼就。非人不度，非人不传，专度有缘人。既然官人厚待于我，我送你几丸罢。"

于是，胡僧取出葫芦来，倾出百十颗药丸，吩咐道："每次只一粒，不可多了，用烧酒送下。"

西门庆双手接了说："我且问你，这药有何功效？"

胡僧说："王母亲手传方，老君三次炮炼。比金金岂换，比玉玉何偿！任你腰金衣紫，任你大厦高堂，任你轻裘肥马，任你才俊栋梁，服用此药后，飘身入洞房。洞中春不老，丹田夜有光。一战精神爽，再战气血刚。不拘娇艳宠，彻夜硬如枪。服久宽脾胃，滋肾又扶阳。恐君如不信，拌饭与猫尝：三日淫无度，四日热难当；白猫变为黑，尿粪俱停亡；每服一厘半，阳兴愈健强。一夜歇十女，其精永不伤。老妇颦眉蹙，淫娼不可当。快美终宵乐，春色满兰房。赠与知音客，永作保身方。"

看这广告词，够厉害的了吧！

中国古代小说中的春药配方，基本已失传。

不过根据上述文字推测，该胡僧所售之春药，极可能为斑蝥干燥制剂，辛，热，有大毒，应严格掌握剂量，服用后，产生强烈刺激过敏作用，造成泌尿道急性发炎，激惹性器官膨胀勃起。不仅可以延缓射精的时间，而且严重时，甚至连尿也排不出来！“涩痛不可当”，很可怕哟。

所以那胡僧临走时，又嘱咐交代道：“不可多用，戒之！戒之！”

在明朝，像西门庆这样的有钱人打听胡僧药，购买胡僧药，太平常不过了。

因为在晚明的士大夫中，使用春药已经蔚然成风，比比皆是。君不见，那堂堂宰相张居正就是死于“胡僧药”，在舒服中死去，死的时候“肤体燥裂，如炙鱼一般。”可见性药的杀伤力还是蛮大的。

且说西门庆当时得了胡僧药，如获至宝，马上就要找人去试。

下午跑到姘妇王六儿家里，用烧酒吃了一粒药丸，直干到夜里转钟，“也没曾丢身子”。西门庆方知胡僧药有如此之妙。

回家后，还要和吴月娘干。但因为那薛尼姑交代过吴月娘，一定要在“壬子日”这一天，服药后行房，才能怀上小宝宝，所以吴月娘坚决不从。

西门庆憋得难受啊，只好又来到李瓶儿房中，搂过脖子来就亲嘴。李瓶儿由于身上来了，开始也是推三阻四，西门庆只好笑着告诉她吃了胡僧药一节：“你若不和我睡，我就急死了。”

最后被逼勒不过，虽然李瓶儿勉强同意了，但书上接着写道：“可霎作怪，李瓶儿慢慢拍哄的官哥儿睡下，只刚爬过这头来，那孩子就醒了，一连醒了三次。”

这西门庆急呀，浑身似火烧，最后咋办呢？书上说他于是向桌上取过冷茶来，冰凉的水灌下去后，一泄如注，方才睡了。

从下午两点多钟服药后开始折腾，到睡下时，已是凌晨四点。

哈哈，这和尚药太猛了。而那尼姑药就不太好说喽。

且说到了二十三号，这一天是农历的“壬子日”，壬子日就是尼姑为吴月娘选定的可以受孕的日子，最灵的一个日子。

这一天，那吴月娘背着西门庆，按照尼姑的要求，先把“尼姑药”服了下去，喉咙内微觉有些腥气，当然了，是胎盘嘛，所以就摒着气一口呷下。当日不出房，只在房里坐着。

这一天，那西门庆当然也是背着吴月娘，按照和尚的要求，先把“和尚药”服了下去，走到房里来……

哈哈，各人心怀鬼胎地各服了各的药之后，就上床行房了。

结果怎样呢？当然也是皆大欢喜。“这也是吴月娘该有喜事，两下似水如鱼，便得了子了。”怀上小宝宝啦！

不过，看官且先不要称赞那尼姑药的配方神奇。

因为吴月娘怀上孩子，和“尼姑药”的关系并不大，和“壬子日”的关系更是不大。

因为那薛尼姑为吴月娘精心挑选的壬子日这一天，可以受孕的这个良辰吉日，恰好正是吴月娘的经期！“月经还未净”，所以怀上宝宝，应该是和这次没有什么关系的啦。

你看，尼姑叫她几时行房，她就几时行房，哪怕是五品高官的大太太，哪怕还在月经期间，她也不敢不从呀！

58 潘金莲的毒计

话说自从李瓶儿为西门庆生下了西门官哥之后，西门庆就对她百依百随，要一奉十。从此便冷落了潘金莲。

这潘金莲十分嫉妒呀，哪叫自己不生个娃娃出来呢？于是，他便设下一条毒计，欲害死这个独种小孩儿西门官哥，使李瓶儿失宠，让西门庆再回到自己身边来。

却说潘金莲房中养了一只白狮子猫儿，浑身纯白，只额头上带一道黑，名唤“雪里送炭”，又名“雪狮子”，潘金莲叫它“雪贼”。

这只猫儿被潘金莲驯的十分听话，会衔汗巾，会拾扇儿。潘金莲常抱它在被窝里睡，又不撒尿屎在衣服上，呼之即至，挥之即去。每日不吃牛肝干鱼，只吃生肉，调养的十分肥壮。

潘金莲甚是爱惜它，终日躲在房里，暗暗用红绢裹着生肉，令猫扑而挝食。这一招，是受“屠岸贾养神獒害赵盾丞相”的典故所启发。所以那猫儿，只要一见到红绢，就扑上去乱抓，抓开了就有肉吃。

这一天，也是合当有事，西门官哥儿在外间炕上顽耍，恰好身上穿着一件红缎衫儿。

不料这雪狮子正蹲在护炕上，看见官哥儿在炕上，穿着红衫儿一动一动的顽耍，只当平日哄喂它肉食一般，猛然望下一跳，扑到官哥儿身上乱抓，抓开红衫寻肉吃，把身子都抓破了。

只听得那官哥儿"呱"的一声，倒咽了一口气，就不言语了，手脚俱风搐起来。

慌得奶娘丢下饭碗，搂抱在怀，那猫还来赶着他要挝，被丫头打出外边去了。

李瓶儿从后边赶来看时，早吓坏了。吴月娘也慌得两步并做一步，迳到房中，见孩子搐的两眼直往上翻，口中吐着白沫，咿咿犹如小鸡叫。

这个时候，吴月娘就问潘金莲："是你屋里的猫吓着孩子了？"

潘金莲当然是说不知道的。

吴月娘见那孩子受了惊吓，抽搐起来，便叫小厮快去叫刘婆子来。

不一时，婆子到了，看了脉息，取出药，撬开口，灌下去。说还要灸几针才好。

当下，刘婆子把官哥儿眉攒、脖根、两手关尺并心口，共灸了五针。

那孩子昏昏沉沉，直睡到日暮时分西门庆回家还不醒。

那刘婆见西门庆回来，月娘就给了她500块钱，一溜烟从夹道内出去了。

这婆子医术不高，识穴不准，五针扎下去，对孩儿构成了致命的伤害，书上写病症加重：

"不料被艾火把风气反于内，变为慢风，内里抽搐的肠肚儿皆动，尿屎皆出，大便屙出五花颜色，眼目忽睁忽闭，终朝只是昏沉不省，奶也不吃了。”

医生治疗失误，患者家属如何知道？如何取证？

所以李瓶儿就慌了，到处去求神问卜打卦。又瞒着西门庆再把刘婆子请到家里来跳大神;又请薛尼姑买纸马香烛念经;又请小儿科太医来看。

所有的方法都试遍了，都没个下文，那孩儿已经不吃东西了。

李瓶儿昼夜守着哭，恍恍惚惚中，忽见前夫花子虚来到，穿着白衣，厉声骂道：“泼贼淫妇，你如何抵盗我财物与西门庆？如今我告你去也！”

李瓶儿慌忙扯住他衣袖，猛然惊醒，手里却是扯着儿子官哥的衣衫袖子。

梦到的是前夫花子虚，扯着的却是儿子西门官哥。

原来是花子虚讨债来了。李瓶儿唬得浑身冷汗，毛发皆竖。

次日，那孩子只搐气儿，黑眼睛珠儿只往上翻，口里只有出气，没有进气。西门庆不忍看他，走到明间椅子上坐着，只长吁短叹。

那消半盏茶时，官哥儿呜呼哀哉，断气身亡。只活了一年零两个月。

李瓶儿一头撞在地下，哭得昏过去了。

潘金莲平时用“红绢裹肉”训练猫儿，是非常阴毒的，使猫儿见红就抓，导致抓伤官哥，并过度惊恐；然后大家又请那个最信得过的刘婆子来治，结果导致严重误治；最终半个多月后丧命。

西门庆常说的一句话：“休信那老淫妇胡针乱灸，若不好，拉到衙门里去拶那老淫妇一拶子。”

结果，他儿子就死在那婆子手里，他却捉不到。

而猫儿惊坏官哥的时候（还不是致命），潘金莲又不在场，所以在这一系列的事件中，金莲、刘婆这两个元凶都隐藏的极深，没有人会去追究她们的责任。

追究谁呢？

追究那只猫，因为猫，才是害死西门官哥的罪魁祸首。

所以书上写道："西门庆三尸暴跳，五脏气冲……不由分说，寻着雪狮子，提着脚走向穿廊，望石台基轮起来只一摔，只听响亮一声，脑浆迸万朵桃花，满口牙零噙碎玉。正是：不在阳间擒鼠耗，却归阴府作狸仙。"

现在，再回过头来看：

《金瓶梅》中看相水平最高的吴神仙，在为西门庆看相时，算他晚年会有两子送终；

永福寺的长老对西门庆说，诸佛菩萨已作了证盟，西门庆将来有贵子兰孙，端严美貌，早登科甲；

玉皇观的吴道官收西门庆儿子为徒，又烧了180道香表，许他长命百岁；

又有尼姑印造《陀罗经》五百部，"小哥儿万金之躯，全凭佛力保护。"

诸路神佛，全都来保佑这个小孩儿西门官哥。

结果就是，潘金莲在不动声色之中，把他们全部都一一打败了。

59 说说《金瓶梅》里的那些太医

太医，是古代医生的职称。北宋时设有太医局，是国家培养医学人才的教育机构，明朝时设有太医院，类似近代的中医学校等。

太医的层次，又分为四个级别。

一等太医叫“御医”，七品，和县令一个级别，只有十三个人的编制。二等太医叫“吏目”。三等太医叫“医士”，属于从九品。四等太医叫“医生”，无品，相当于现代的助理医师。

总之，无论几等太医，都是古代社会中持证的正规医生。

所谓正规医生，在我们一般人的认识中，应该都是水平较高的、信任度较高的那些医生们。

事实上怎样呢？在小说《金瓶梅》中，有一群比较活跃的太医。他们的医术究竟如何呢？我们来看一看。

自从李瓶儿的孩子死后，李瓶儿悲痛欲绝，夜夜梦见花子虚来讨债，不觉着了重气，“把旧病又发起来”。这个时候，家里先后来了四五位太医为她看病。

这“旧病”指的什么呢？“自从有了孩子，身子便有些不好”，乃坐月子期间，因行房过度而落下的病根。当时，经人推荐，请的是任医官来看病。

任医官是级别较高的太医。这天来的时候，他喝酒喝得太多了，骑在马上一晃一晃的，几次险些跌下马来。他一进门就说：

前几天，王吏部的夫人也是这病，和你夫人相似，我开了药，不消三四剂，登时好了。他不仅加礼感谢小弟，还送了我一个匾儿，匾上写着‘儒医神术’四个大字。最后要求西门庆也送他一块匾。

进门先不说治病的话，先把自己吹嘘一番。

不过，任医官在吹嘘的过程中还是说漏了嘴，他说他幼年时也曾读过几行书，后来因为家里逐渐贫穷了，赚不到钱了，才去学的医。

这一次还是暂时治好了。又过了一段时间之后，李瓶儿死了孩儿，旧病复发，又添新症，不知怎的，下边“似尿也一般流将起来”（严重的血崩，有生命危险），不觉眼前一黑，跌了一交，把脸都磕破了。

西门庆慌了，又去请任医官来看，这次花了2000块钱，还送了他一匹杭绢。

任医官开了药，叫乘热吃下去，结果，血崩突然加剧，“其血越流之不止。”

西门庆越发慌了，又去请大街口胡太医来瞧。

这胡太医的医术平平，他不求无功，但求无过，所以他开的药，李瓶儿吃下去，不好也不坏，没有任何动静，“如石沉大海一般”。

又有人推荐，东门外住的一个赵太医，是个专门看妇科的专家，极看得好。

于是，西门庆又去请赵太医。

赵太医来了，一进门就说："在下以医为业，家祖为太医院院判，家父为充汝府良医，祖传三辈，习学医术。"

这是赵太医先介绍自己的家庭情况，别的医生都不能和他相比，因为他是"医学世家"。接着又介绍自己的水平："每日攻习《药性赋》、《黄帝素问》、《难经》、《活人书》、《丹溪纂要》、《丹溪心法》、《洁古老脉诀》、《加减十三方》、《千金奇效良方》、《寿域神方》、《海上方》，无书不读。小人拙口钝吻，不能细陈。"

从这一番自我介绍来看，赵太医的理论知识还是学得好的。至少，从他的介绍来看，给人的感觉毕竟是读了那么多的医书。或许，他只记得个书名，也未可知。

那么，他的实际水平究竟如何呢？

当时，西门庆就请他到房中，为李瓶儿现场诊断。

这赵太医先诊其左手，没诊出什么，次诊右手，也没诊出什么，便叫道："抬起头来，看看气色。"

那李瓶儿真个把头儿扬起来。

赵太医便对西门庆说："老爹，你问声夫人，我是谁？"

西门庆便问李瓶儿："你看这位是谁？"

那李瓶儿抬头看了一眼，便低声说道："他敢是太医？"

赵太医道："老爹，不妨事，还认的人哩。"

这赵太医看病还真有点意思，先看她是否还认得人。还认得人，就不妨事。

西门庆又道："赵医生，你用心看，我重谢你。"

那赵太医一面又看视了半日，说道："夫人此病，休怪我说，据看其面色，又诊其脉息，不是伤寒，只为杂症。要么是刚生了小孩，要么是刚怀了孕。（"不是产后，定然胎前"）

这赵太医的实际水平，太低劣了！他见李瓶儿睡在床上，这般模样，就以为她是产后胎前。

西门庆说："不是的。先生，你再仔细诊一诊。"

赵太医又沉吟了半晌，道："如此面色这等黄，多管是脾虚泄泻，再不然，定是经水不调。"

李瓶儿明明是血崩不止，他却说是月经不调，还要给她下药通经。岂不是雪上加霜？

西门庆道："实说与先生，房下如此这般，下边月水淋漓不止，所以身上都瘦弱了。"

赵太医道："如何？我就说是经水不调。不打紧处，小人有药。"

如何？这两个字的意思就是，你看，我没说错吧，我就说她是经水出了问题。

赵太医出来之后，别人问他，是什么病源？

赵太医现在当然是知道症状了，所以他说："依小人讲，只是经水淋漓。"

现在，他不说是经水不调了，改口成了经水淋漓。

但是，西门庆也不是傻子，给了他钱，打发走了。也没有用他开的药，因为这个太医根本就看不准病。

在小说《金瓶梅》中，正规太医的水平，也就和算命先生一般，都是连猜带蒙的。

后来，西门庆实在没有办法了，只好又去请道士来做法解灾。

60 解读《金瓶梅》：情为何物

话说李瓶儿血崩不止，太医请遍了也治不好。

初时，李瓶儿还可以梳头洗脸，下炕来坐马桶。次后，就不起炕了，只在床褥上铺垫着草纸，一日换两三遍。房内弥漫着一股秽恶的难闻气味。

西门庆见她胳膊儿瘦得银条相似，只守着在房内哭泣，衙门中隔日去走一走。

这西门庆为了陪李瓶儿，改为两天上一次班。

李瓶儿道："我的哥，你还往衙门中去，只怕误了你公事。我不妨事，只吃下边流的亏。你男子汉，常绊在我房中做甚么！"

西门庆哭道："我的姐姐，我见你病不好，心中舍不的你。"

李瓶儿死的时候，身底下流血一洼。

西门庆也不顾甚么身底下血渍，两只手捧着她香腮亲着，口口声声只叫："我的没救的姐姐，有仁义好性儿的姐姐！你怎的闪了我去了？宁可教我西门庆死了罢。我也不久活于世了，平白活着做甚么！"在房里离地跳得有三尺高，大放声号哭。

西门庆儿子死的时候，只是坐在椅子上叹气，还没见他哭。

但李瓶儿死了，西门庆却哭得天昏地暗！

西门庆也有眼泪，也会为情流泪。

"头也没梳，脸也没洗"，晚夕就在李瓶儿灵旁独自宿歇。

书上说，这西门庆因李瓶儿死了，伤心欲绝啊，硬是哭了一整天没吃饭，茶水未尝，连着熬了两夜没睡，一直念着李瓶儿的名字哭，把喉咙都哭哑了。

兄弟应伯爵劝他进食，西门庆倾诉道：

好不睁眼的天，撇得我真好苦！宁可教我西门庆死了，眼不见就罢了。到明日，一时半霎想起来，你教我怎不心疼？平时我又没曾亏欠了人，天何今日夺吾所爱之甚也！先是一个孩儿也没了，今日她又长伸脚子去了，我还活在世上做什么？虽有钱过北斗，成何大用？

在李瓶儿出殡的时候，演出《玉环记》。台上演员唱道："今生难会，因此上寄丹青。"

听到这一句时，西门庆"忽想起李瓶儿病时模样，不觉心中感触起来，止不住眼中泪落，袖中不住取汗巾儿擦拭"。

这个哭法，没理由认为是假装出来的。

在小说《金瓶梅》中，西门庆的确是对李瓶儿最有感情的。

出殡当晚，西门庆不忍遽舍，晚上还来李瓶儿房中，要陪伴着李瓶儿的灵床宿歇。

灵床安在正面，李瓶儿的大影画像挂在旁边，灵床内安着半身，里面小锦被褥，床几、衣服、妆奁之类，无不毕具，下边放着他的一对小小金莲，桌上香花灯烛、金碟樽俎，般般供养。

西门庆睹物思情，不禁又大哭不止。

他就在李瓶儿灵床对面的炕上搭了个铺，对着孤灯，躺了半夜，望着窗外斜月，翻来覆去，难于入眠。长吁短叹，思念佳人。有诗为证：

短叹长吁对锁窗，舞鸾孤影寸心伤。

兰枯楚畹三秋雨，枫落吴江一夜霜。

夙世已违连理愿，此生难觅返魂香。

九泉果有精灵在，地下人间两断肠。

都是描写西门庆断肠心伤的言语。

这西门庆对李瓶儿，可谓情之深，意之浓。

但是，人，是一种非常奇妙的动物。什么是情？什么是爱？什么又是什么？好象并不能简单定义，一定义就会出错，非常奇妙的。

所以，《金瓶梅》的作者笑笑生，先写足了西门庆的哭与痛苦，接着再笔锋一转：

话说这一天晚上，西门庆吃了酒，把客人们都送走了，他又独自一个人来到李瓶儿房里，睡在灵床对面的炕上，思念着他最爱的人。

睡到半夜里，要茶吃，如意儿（西门官哥的奶娘）便来递茶。因见西门庆盖的被子拖下炕来，便去帮他扶被。

这西门庆一时兴动，搂过脖子就亲了个嘴，递舌头在她口内。如意儿就咂起来，一声儿不言语。

西门庆令她脱了衣服上炕，两个就搂在被窝内，不胜欢娱，云雨一处。“枕席之间，无不奉承，颠鸾倒凤，随手而转，把西门庆欢喜的要不的。”

你看，转眼间，西门庆就欢喜的要不的了。就在最爱的人的灵前。

哪还管李瓶儿的什么灵床不灵床！

武松也在灵床前睡过，他哥还会找上来咧，难道李瓶儿不会么。

第二天早晨起来，如意儿就帮西门庆拿鞋脚，叠被褥，极尽殷勤，无所不至。

西门庆高兴呀，就要赏她。

赏什么呢？当然不是花他的钱。反正李瓶儿不是已经死了嘛，那就花李瓶儿的吧。

于是，西门庆就四处寻找，把李瓶儿以前戴过了的金簪儿，寻出来，一共四根，作为小费，转手就赏给了她。

如意儿磕头谢了。

西门庆这个大色鬼、小气鬼，如此好色，如此小气，和如意儿欢喜的要不的之后，笑笑生接着又写他为李瓶儿哭了。

没几天，西门庆夜里梦见了李瓶儿，李瓶儿嘱咐他："没事少要在外吃夜酒，早早回家。千万牢记奴言，休要忘了！"说毕，二人抱头而哭，从睡梦中一直哭醒来，由不得心中痛切。

中午起床。有人问他哭什么？眼睛红红的。他还不承认，"我平白怎的哭？！"

"只怕你一时想起甚心上人儿来了。"西门庆道："没的胡说，我有甚心上人？！"

这笑笑生真太会写了，写到西门庆骨子里去了。

还是玳安说得好："为甚俺爹心里疼？不是疼人，是疼钱。"

61 解读《金瓶梅》：人活一张皮

一般人认为，潘金莲既已嫁入豪门，穿金带银是少不了的。其实不然，她连一件像样的皮袄子也没有。

吴月娘、李娇儿、孟玉楼这几个太太都带来了丰厚的嫁妆，他们都有皮袄子穿，而潘金莲嫁过来时没钱，所以她就买不起皮袄子。

买不起皮袄子，在几房太太面前就拽不起来，就是一件很伤自尊、很没面子的事。

有一天吴月娘曾对潘金莲说，把人家当来抵押的一件皮袄（十六两，合人民币16000元）给她穿，潘金莲很硬气，不要。

潘金莲说，穿皮袄子根本就不好看。"我从不穿皮袄，像个黄狗皮似的，穿在身上，教人笑话。好也歹也，人家当的，也不长久，以后还是要赎回去的。"

话虽这样说，但渴望得到一件皮袄子的想法，却怎么也挥之不去。

西门庆娶潘金莲，是没赚钱的，还贴钱，所以要在她身上花钱是不大可能的。

而潘金莲也有自知之明。她的一切吃穿用度，都要靠着西门庆的施舍，如果潘金莲失去丈夫的爱，她在这个家庭中将毫无地位可言，活得很惨，甚至还不如一个丫鬟。

记得有人这么说过，潘金莲是在谋生，不是谋爱。

所以，潘金莲只有利用自己唯一的武器——色相，把丈夫紧紧绑在身边，只要西门庆一回家，就马上把他霸在自己房里不放。绝不能让其他太太染指！

这是潘金莲在这个家里得以立足的最低底线。这也是人们常说潘金莲好“淫”、好“嫉”的根源。其实，这只不过是她唯一的生存之道罢了。

为此，她近乎疯狂地攻击家中几乎所有的女人！

为了讨好西门庆，潘金莲不仅不择手段，而且还要不停的变换花样儿，不断的制造新奇，以刺激西门庆早已麻木了感官。

有些稀奇花样，就连西门庆也从没见过。

所以，评点《金瓶梅》的张竹坡，在评潘金莲时，说她“不是人”。

话说冬月二十五的这天晚上，西门庆来到金莲房中。

潘金莲浓施朱粉，复整新妆，薰香澡牝，满面笑容，替他脱衣解带，上床歇宿。这妇人只要拴西门庆之心……

因为李瓶儿已经不在了，潘金莲就大着胆子向西门庆说：“你把李大姐（李瓶儿）那皮袄拿出来与我穿了罢。明日吃了酒回来，他们都穿着皮袄，只奴没件儿穿。”

西门庆道：“贼小淫妇儿，单管爱小便宜儿。她那件皮袄值六十两银子哩，你穿在身上是会摇摆！”

西门庆好心疼啊，60000元的皮袄啊，这可是潘金莲身价的两倍呢！但还是一咬牙，给了她。

潘金莲把李瓶儿的那件旧皮袄子穿在了自己的身上。

潘金莲也有皮袄子了。

这不仅是得到一件皮袄的满足，也是一种尊贵身份的快感。她要向大太太吴月娘叫板，那才叫能耐！

于是，潘金莲又叫西门庆把王招宣府上当来的那件皮袄（4800元的）送给二太太李娇儿穿，又将李娇儿原先穿的旧皮袄，把给以前也没有皮袄的四太太孙雪娥穿。

这样，很明显，在新的秩序下，以潘金莲为首的三个人，以皮袄子价格为标志的方式，地位开始升级啦！

李娇儿、孙雪娥也都因潘金莲而得到了做梦都想得到的皮袄子，那还不感谢潘金莲呀。

吴月娘就不高兴了。当然还是因为那件六万元的皮袄子。

凭什么呀，你凭什么呀！

潘金莲就将这件价值60000元的旧皮袄子穿在身上，趾高气扬地骂大太太吴月娘，你个浪货！你个浪女人——！一声赶一声的泼骂。

吴月娘简直被她气晕了头，连夜里做梦也在和潘金莲打架。

月娘这天夜里做了一个梦，梦见李瓶儿从箱子内寻出一件大红绒袍儿，送给月娘穿在身上，不料那潘金莲突然出现，劈手抢夺了过去，披在了她自己的身上。

气得那吴月娘在梦里大骂道："她的皮袄，被你要去穿了，这件袍儿你又来夺！"潘金莲就使性儿把袍子一扯，扯了一道大口子。气得月娘一直骂嚷着醒了，还喃喃不绝。

一件皮袄子，竟能让吴月娘的自尊心受到如此之大的刺激，以至记挂于心，形诸梦寐。

穿上了李瓶儿的那件旧皮袄，就果真有那么拽吗？

那么，西门庆背地里又是怎么评说潘金莲的呢？

西门庆对吴月娘说：“我的好姐姐，你别和那小淫妇儿（潘金莲）一般见识，她识什么高低香臭？”又说：“你也耐烦，把那小淫妇儿（潘金莲）只当作臭屎一般，丢着她去便罢了。”

62 争夺西门庆

《金瓶梅》第77回写道：原来潘金莲自从当家管理银钱，另定了一把新等子。每日小厮买菜进来，拿到跟前与她瞧过，方数钱与他。”

从这里可以看出：自李瓶儿死后，潘金莲通过“特殊”的手腕，已经掌握了家里的经济大权。当家管理银钱了。

取代大太太吴月娘的地位，仅有半步之遥。潘金莲眼看就要熬出头啦！

为了巩固这来之不易的胜利果实，潘金莲只有一招：只要西门庆一回家，就马上把他霸在房里不放。绝不让其他4个太太染指！

这是家里的情况，潘金莲牢居上风。

再看外面的情况：虽然西门庆在外面也有一群杂七杂八的女人，但还是以韩道国的老婆王六儿，最稳定，最长久。

王六儿也有一招：只要西门庆一来，就把他关在屋里，起码也要盘够八九个小时才放。以减少其他女人接触的机会。

所以，在外面的一群女人中，是王六儿牢居上风。

家里的，外面的，都要抢西门庆。

不过，潘金莲与王六儿之间，相处得似乎很和谐。她们不PK。

因为，潘金莲的目标，乃是吴月娘，所以她并不干涉西门庆在外面跟谁谁谁的。当然也就不会在乎王六儿了。

而王六儿的目标，不过是多弄几个钱，也不会威胁、取代潘金莲的地位。

所以啊，这两个人之间，并没够成什么明显的竞争关系。

不过呢，她们俩使用的手段，居然都是一样的：都是要霸住西门庆不放！

于是，在这两个最最厉害的女人之间，展开了一场隐蔽的“西门庆”争夺战。

两个女人都采用同样的策略：都激烈地争抢同一个标的物，却又都不相互扼制打击对手。

这样一来，结果就是使标的物过度损耗，以至受伤。我们的西门大官人，也就严重吃不消喽。

话说这一天，王六儿剪下自己的一溜头发，用五色绒缠成一个同心结儿，叫她的弟弟王经转交给西门庆。

西门庆看了满心欢喜。吃过中饭，骑着宝马，醉醺醺地来了。王六儿备下果盒酒肴等候。

两个人又继续喝酒。饮至半酣，西门庆从袖中取出那十分厉害的“胡僧药”来，用酒服下。顿时，药力发作，异常威猛，“一往一来，一冲一撞，其兴不可遏。”

西门庆道：“我的儿，你若一心在我身上，等他（韩道国）来家，我爽利替他另娶一个，你只长远跟着我便了。”

王六儿道："好达达，等他来家，好歹替他娶一个罢，或把我放在外头，或是招我到家去，随你心里。淫妇爽利把不直钱的身子，拼与达达罢，无有个不依你的。"

这一次，王六儿的好运，眼看也快要熬出头啦！

西门庆尊口大开，要和她做个长久夫妻。王六儿马上就要成为西门庆的太太了。

书上接着写道："西门庆醉眼朦胧，一觉直睡到三更时分方起。"三更，就是子时，转钟12点左右。

起来后，穿衣净手，两个又继续喝酒。

西门庆一连又吃了十数杯酒，不觉醉上来，迷迷糊糊地掏出一纸购物券，递给王六儿道："明日到我铺子里取一套衣服你穿，要甚花样随你挑。"

那王六儿万福谢了，方送出门。

喝得太多了，夜里转钟一点多，西门庆骑马回家，下马时，两条腿都软了，走不动，被左右搀扶着进去。

此时，潘金莲还没睡，倒在炕上等西门庆。听见来了，连忙一骨碌扒起来，向前替他接衣服。

西门庆吃得酩酊大醉，一只手搭伏着她肩膀上，搂在怀里，口中喃喃呐呐说道："小淫妇儿，你达达今日醉了，收拾铺，我睡也。"

潘金莲就扶着他上炕，打发他歇下。

那西门庆丢倒头在枕上鼾睡如雷，再摇也摇他不醒。金莲怎禁那欲火烧身，淫心荡漾。急得妇人要不的。

因问西门庆："和尚药在哪里放着哩？"

推了半日推醒了。西门庆酩子里骂道："怪小淫妇，只顾问怎的？你达达今日懒待动弹。药在我袖中穿心盒儿内。你有本事品弄的他起来，是你造化。"

潘金莲便去袖内摸出穿心盒来打开，里面只剩下三四丸药儿。

这妇人便取过烧酒壶来，斟了一钟酒，自己先吃了一丸，还剩下三丸。恐怕药力不效，便拿烧酒都送到西门庆口内。醉了的人，晓的甚么？合着眼只顾吃下去。

作者写到这里，格外强调，这潘金莲千不该，万不该，把那些和尚药一股脑全部都给西门庆吃下去。因为这药十分猛烈，最多只能一粒。况下午已先吃过一粒了。

如此严重超量使用壮阳药的结果就是：“哪消一盏热茶时，药力发作起来，那话跃然而起，妇人见他只顾去睡，于是骑在他身上，……”

“西门庆只是不泄。XX越发胀的犹如炭火一般，害箍胀的慌。”

“约一顿饭时，那管中之精猛然一股冒将出来，初时还是精液，往后尽是血水出来！再无个收救。西门庆已昏迷去，四肢不收。”

《金瓶梅》中最可怕、最恐怖的一幕出现了！西门庆精尽出血，血射尽了就直冒冷气，良久方止。

潘金莲顿时慌了，急急掩饰现场。更不说她用的药多了——似乎就没用过药。反正自己是没有责任滴。

西门庆亦苏醒了一回，潘金莲问他感觉怎样？西门庆方言：“我头目森森然，莫知所以。”

究竟发生了什么？他根本就不知道。

作者写到这里，叹息西门庆死到临头还不知道自己是怎么死的，警告世人道：看官听说，一己精神有限，天下色欲无穷。西门庆只知贪淫乐色，更不知油枯灯灭，髓竭人亡。正是：

二八佳人体似酥，
腰间仗剑斩愚夫。

窥破金瓶

虽然不见人头落，
暗里教君骨髓枯。

63 西门庆之死

话说西门庆夜里遭潘金莲一顿折磨之后，早晨就站不起来了。

“到次日，内边虚阳肿胀，不便处发出红瘰来，连肾囊都肿得明滴溜如茄子大。但溺尿，尿管中犹如刀子犁的一般。溺一遭，疼一遭。”

吴月娘知道这个消息后，吓得魂飞天外。马上审讯相关人员后，查出了罪魁祸首，是谁呢？是韩道国的老婆——王六儿。

而潘金莲却成了无责之人。

那西门庆只是不肯吐口儿请太医，只说：“我不妨事，过两日好了，我还出去。”

得了这种病嘛，西门庆也不好意思开口。

贻误了最佳治疗时机的西门庆，病情开始恶化，终于抗不住了，在吴月娘的劝说下，西门庆答应请太医。

第一个来看病的是任医官。诊了脉，说是脱阳之症。开了药，止住头晕，身子依旧还软，下边肾囊越发肿痛，溺尿甚难。

结拜兄弟应伯爵来了，看他气色不好，问他怎么回事？不肯说，只说是痰火。

这应伯爵就说“大街上胡太医最治的好痰火，休要耽迟了。”又把性病误作痰火治。请胡太医来为他下火。

不过，这胡太医是个老江湖，一看就知道是“下部蕴毒”，因病情拖久了，已成溺血之疾。

治不好了，又不能让自己落过，怎么办呢？他还是老办法，不求有功，但求无过，所以他开了药，收了钱，西门庆吃下去，不好也不坏，“如石沉大海一般。”

第三个医生是何老人的儿子何春泉，地位最高的太医，但吃了他的药后，效果竟比那胡僧药还要猛烈！——“越发弄的虚阳举发，麈柄如铁，昼夜不倒”。

第四位医生是刘橘斋，擅长看疮毒。吃了他的药后，遍身疼痛，叫了一夜。到五更时分，小便处阴囊胀破了，流了一滩血，XX上又生出疳疮来，流黄水不止。“西门庆不觉昏迷过去。”

值得一提的是，太医在为西门庆治病期间，潘金莲还在继续“战斗”！

书上写道：“潘金莲晚夕不管好歹，还骑在他身上，倒浇蜡烛掇弄，死而复苏者数次。”

人已经病成这个样子了，潘金莲还不放过。可怜的西门庆，不死才怪呢。

这潘金莲乃是“白虎星”下凡，极克夫。当年武大郎死，潘金莲是先把（毒）药灌下去，再“骑在他身上”！而现在西门庆死，潘金莲仍是先把（性）药灌下去，再“骑在他身上”！

冥冥中何以如此相似？只因西门庆曾向金莲发过誓：“我若负了

心，就是武大一般。”

正月二十一日，五更时分，相火烧身，变出风来，西门庆声若牛吼一般，喘息了半夜。挨到巳牌时分，呜呼哀哉，断气身亡。三十三岁而去。

西门庆死的时候，留下了一大笔遗产。

那么，西门庆究竟有多少财产呢？我们根据他死前的吩咐，可以估个大概：

1.段子铺里五万银子本钱，有你乔亲家爹那边，（西门庆占大头）；

2.贲四绒线铺，本银六千五百两；

3.吴二舅绸绒铺，是五千两；

4.印子铺占用银二万两；

5.生药铺，五千两；

6.韩伙计、来保松江船上四千两。

欠款方面：

1.李三、黄四身上还欠我五百两本钱，一百五十两利钱未算，讨来发送我；

2.前边刘学官还少我二百两；

3.华主簿少我五十两；

4.门外徐四铺内，还欠我本利三百四十两。

都有合同见在，上紧使人摧去。

除去几处房产不算，仅固定资金也约有（合人民币）一亿多元！

西门庆从27岁出场，到33岁死亡，只在短短的五六年工夫，就从最初区区几十万的小老板，快速膨胀成了后来的亿万富豪！

西门庆不愧是个赚钱高手。同时，小气的一面，在他死前也得到体现。

死到临头了，还念念不忘谁欠他的钱没还。并且对自己的丧事，要求从简。

李三、黄四，这两个家伙还欠他五百两银子没还，利息（已经滚到一百五十两了）估计是要不回来了，就不算了。只把欠下的本钱收回来，就用收回来的这个钱办丧事吧。

家里的钱，就尽量不动了。因为你娘们几个以后还要度日。

西门庆对自己也小气。假如人家不还钱呢？难道这丧事不办了？事实上，他一死人家就不还了。

最具讽刺意味的是：

西门庆到死也不知道，直接害死他的凶手就是潘金莲。

但他却在死前吩咐，让潘金莲给他守灵：见月娘不在跟前，一手拉着潘金莲，心中舍她不得，满眼落泪，说道："我的冤家，我死后，你姐妹们好好守着我的灵，休要失散了。"

吴月娘进来，见他二人哭得眼红红的。

西门庆指着潘金莲对吴月娘说："有两句遗言和你说：我死后，你姊妹好好待着，一处居住，休要失散了，惹人家笑话。六儿（金莲）从前的事，你耽待她罢。"

潘金莲这个淫妇直接导致了西门庆"精尽人亡"。可笑的是，西门庆在临死前，最惦记、最牵挂、最舍不得的人，却是潘金莲！

64 解读《金瓶梅》里的丧葬文化

《金瓶梅》七十九回：“多少有钱者，临了没棺材。原来西门庆一倒头，棺材尚未曾预备。”

慌得吴月娘马上叫她弟弟到尚推官家里买了一付棺材板来。因为是仓促之下，临时性买来的，所以价格很一般。

我们再来看一看李瓶儿的棺材：

李瓶儿当时叫西门庆为她买一副便宜的棺材：“你休要信着人使那憨钱，将就使十来两银子（人民币一万左右，比较便宜的一种），买一副就行了，你偌多人口，往后还要过日子哩！”

李瓶儿只要一万元左右的普通棺材，西门庆却花了三百二十两（合人民币32万元），买来上等好木材，做棺材用。这还不算工钱，只是材料费。

西门庆是夫，李瓶儿是妾。可妾的档次待遇，比夫还要高的多！

岂非怪事？！

在一般人看来，西门庆的丧事，理应办得最风光，因为他最有钱嘛。

其实不然，《金瓶梅》中最隆重的葬礼，是李瓶儿的，而不是西门庆！

为什么？因为葬礼的风光程度，并不是按照死者生前的地位档次来举办的。而是由操办者的地位档次来决定的。

葬礼，是办给活人看的。体现的是“操办者”的脸面。

李瓶儿的葬礼，是西门庆在风光。已经风光到了几乎乱套的地步。

装敛、报丧、成服、大敛、出殡，是按儒家程序进行的，但在首七（死后第一个七天）的时候，又请了佛教的16个和尚来念经，到二七的时候，又请道教的16个道士来作法事，三七又叫和尚来念经，四七请喇嘛来念经，五七又叫道士来作法事，六七不念经，七七又叫女尼来念经。

西门庆当时可不管什么鱼龙混杂不混杂，教派冲突不冲突，他不信这一套，他要的只是场面！只是气派！如果当时有基督教，肯定会安排几个牧师也去凑凑热闹。

来祭奠李瓶儿的客人，不知多少。西门庆招待客人的时候，每餐都是安排十五桌的大局面酒席。而西门庆自己的葬礼，就要差远了。

到四七的时候就没念经了，书上写道：“送殡之人，终不似李瓶儿那时稠密。……山头祭桌，可怜通不上几家，只是吴大舅、乔大户、何千户、沈姨夫、韩姨夫与众伙计五六处而已。”

并且西门庆死了，是没画遗像的。因为当时的技术原因，一般人都出不起价，《金瓶梅》里死者都没有遗像，只李瓶儿一个人有遗像。这是西门庆特意用十两白金和一匹缎子请人制作的。

成本很高的，西门庆非常珍惜这张遗像。不过呢，他一死，李瓶儿的这张遗像，马上就被吴月娘一把火给烧了。

作者将李瓶儿的葬礼和西门庆的葬礼分别对照重点描写，当然是有用意的。前者表现的是趋炎附势，后者则是人走茶凉。

西门庆的葬礼，就是人走茶凉啊。

话说西门庆死了七天了，他原先的那帮狐朋狗友铁哥们，一个也不来了。

应伯爵看不过了，就把这些家伙（有7个人）都约了出来，坐一处商量。

应伯爵先开口道:“大官人没了，今一七光景。你我相交一场，当时也曾吃过他的，也曾用过他的，也曾使过他的，也曾借过他的。今日他死了，莫非推不知道？”

我们总不能都装作不知道吧。大家兄弟一场，过去看一看，也是应该的，但空着两个手去，也不是个事啊，唉，真烦人。

下面开始讨论：这个人情钱，究竟出多少为好呢?

众人都不吱声。

那应伯爵道：“如今这等计较，你我各出一钱银子，七人共凑上七钱，办一桌祭礼，买一幅轴子，再求水先生作一篇祭文，抬了去，大官人灵前祭奠了，咱还便宜：又讨了他值七分银子一条孝绢，拿到家做裙腰子。他莫不白放咱们出来? 咱还吃他一阵。到明日，出殡山头，饶饱餐一顿，每人还得他半张靠山桌面，来家与老婆孩子吃着，两三日省了买烧饼钱。这个好不好?”

众人都道：“哥说的是。”

这一番话，什么意思呢?

7个人，每人各出一钱，这可以说是《金瓶梅》中最少的人情钱了。放到今天，合人民币才100块钱。

你看，够小气吧，还是结拜兄弟呢，西门庆死了，他们就只准备拿100块钱过去的。

拿100元的人情钱过去，不仅可以白吃上好几顿酒席，混个烂饱不说；而且还可以打包，把好吃的带回家来，给老婆、孩子吃，两三天的生活费都节省了。另外，人家还要回赠一条绢，这绢少说也值七十几块（七分银子）。绝对赚了。

你们说好不好？大家当然举双手赞成。

李瓶儿的祭文（追悼词），是西门庆请温秀才写的。温秀才是什么人？和西门庆吃过饭的人，有身份的人，润笔费当然是称金论银。

而西门庆死了，他的追悼词，是应伯爵请水先生写的，水先生是上不了桌子的人，按最低稿费算，顶多也就50块人民币。

这水先生为西门庆作就一篇祭文。其文略曰：

某年某月某日，某某，谨以清酌庶馐之仪，致祭于故锦衣西门大官人之灵曰：

维灵生前梗直，秉性坚刚；软的不怕，硬的不降。常济人以点水，恒助人以精光。囊箧颇厚，气概轩昂。逢乐而举，遇阴伏降。锦裆队中居住，齐腰库里收藏。……也曾章台宿柳，也曾谢馆猖狂。正宜撑头活脑，久战熬场，胡为患一疾不起之殃？见今你伸长着脚子去了，丢下小子辈，如班鸠跌脚，倚靠何方？难上他烟花之寨，难靠他八字红墙。再不得同席怀软玉，再不得并马傍温香。……

今特奠兹，次献寸觞。尚享。

这篇祭文，是说气概轩昂的西门庆同志，生前耿直，秉性坚刚，常济人点水，助人精光……忽然一病不起，丢下大家先走了，所以怀念他。

这只是表面现象。

再细品一遍，就会发现：原来该祭文，通篇都将西门庆形象地比喻成了一根“壮伟”的阴茎。这篇祭文的大半文字，都是在对死者的生殖器官进行歌颂。

作者写道：“人人都粗俗，哪里晓得其中滋味。”

所以当时，众人把祭祀抬到灵前摆下，上了香，就在西门庆的追悼会上，将这篇称赞西门庆生殖器很大很厉害的祭文，对着所有到场的先生们女士们来宾们，高声地宣念了一番。

65《金瓶梅》女性中的大赢家

西门庆的最后晚餐，是在王六儿家度过的。

那一天，王六儿大概真的有那么一点儿撕扯不断的真情了。她把自己的一绺头发剪下来，用五色绒缠了，精心制作成一个同心结的饰物，赠送给西门庆。

西门庆看了满心喜欢，打算要和她做个长久夫妻。

那王六儿道："好达达，等他（韩道国）来家，好歹替他娶一个罢，或把我放在外头，或是招我到家去，随你心里。淫妇爽利把不直钱的身子，拼与达达罢，无有个不依你的。"

王六儿要西门庆帮她老公韩道国另娶一个老婆，她自己则好与西门庆做长相厮守。

西门庆一口答应了。

不料，西门庆却突然猝死。

王六儿知道后，就备了祭桌，乔素打扮，来给西门庆烧纸。在灵前只顾站着，站了半日，也没个人儿出来理她。

原来西门庆一死，吴月娘就把原先当差的王经（王六儿弟弟）赶回家去不用了。

小厮见王六儿来了，就到后边对月娘说："韩大婶来上纸，在前边站了一日了。"

这吴月娘气忿不过，骂道："什么韩大婶、屄大婶，贼狗攮的养汉淫妇，把人家弄的家败人亡，父南子北，夫逃妻散的，还来上什么屄纸！"

吴大舅连忙提醒道："姐姐，你怎么这等的？快休要舒口！自古人恶礼不恶。他男人手里还拿着咱家那么多的本钱在外面跑生意，你如何这等待人？快休如此。教人说你不是。"

那月娘见他哥这样说，才不言语了。

王六儿白讨了一场没趣，只吃了一钟茶，就尴尬地回家去了。

没过几天，王六儿的男人韩道国从江南批发货物回来了，他身上还带着二千两白银的货款回来应交西门庆，如今西门庆死了，就该给吴月娘。

韩道国先回到家中，与老婆王六儿商量商量。

王六儿问他："如今，你这银子还送与他家去的？"

韩道国道："正是要和你商议，咱留下些，只把一半还与他如何？"

王六儿道："呸！你这傻奴才料！这遭再休要傻了。如今他已是死了，这里无人，咱和他有甚瓜葛？倒不如一狠二狠，把他这二千两，拐了上东京，投奔咱孩儿那里。"

前几天还要长相厮守，转眼间却是有甚瓜葛。

这就是王六儿这一类人的心理。在她们的眼里，情义人伦俱不必提，只有对金钱的无穷欲望，这才是《金瓶梅》——明代社会的一面镜子。

与十天前，同样是在这间屋子里的蜜意柔情、海誓山盟相比，王六儿显得格外的冷酷!

倒是戴了绿帽子的韩道国，还有至少一半的良心。

韩道国道："争奈我受大官人好处，怎好变心的？没天理了！"

王六儿哪有什么变心不变心的，冷笑一声道：

"自古有天理倒没饭吃哩。他占用着老娘，使他这几两银子，不差甚么。想着他孝堂里，我到好意往他家烧纸。他家大老婆那不贤良的淫妇，半日不出来，在屋里骂的我好讪的。我出又出不来，坐又坐不住，想着她这个情儿，我也该使她这几两银子。"

一席话，说得韩道国不言语了。

王六儿要存心黑下这笔货款，她说的理由是因为吴月娘怠慢了她，其实并非如此。因为她先前说的话已经直指根源："如今他已是死了。"

夫妻二人，晚夕计议已定。到次日五更，就把他兄弟韩二叫来，如此这般，叫他看守房子，又给了他一二十两银子盘缠。那韩二捣鬼当然是千肯万肯，说："哥嫂只顾去，等我打发她。"喜欢的要不得。

这处位于狮子街繁华地带的房产，是原先西门庆用一百二十两银子为王六儿买下的，现在却不费吹灰之力，过户到了韩二捣鬼的名下。

那"韩二捣鬼"以前来纠缠嫂子王六儿时，曾经恰巧与也来偷情的西门庆撞过车，被西门庆拖到衙门里严惩过一次。然而西门庆为王六儿支付的这一大笔嫖资，最终却让韩二捣鬼坐享其成了。真是世事难料啊。

当时，这韩道国、王六儿就雇了二十辆车，把箱笼细软之物都装在车上，出西门，径上东京去了。

在所有与西门庆有染的女人中，当属王六儿获利最多：

嫁女儿时，获西门庆资助二十两；

送女儿到京城，得“回扣”五十两；

西门庆为她买小丫鬟，四两；

西门庆为她买狮子街住宅，一百二十两；

王六儿替杀人犯苗青说官司，得银一百两；

至于平日小钱，难于细数……

最大的一笔，就是最后夫妻俩拐走的两千两货款，相当于今天的200万元人民币！

如此丰厚的回报，就连职业卖身的李桂姐、吴银儿之辈，也望尘莫及。

王六儿何以获利最多？除了她最关键的一次冷酷无情外，平时一惯的作风都是不争，不索要，她从不轻易开口向西门庆要钱。

再来看西门庆死后，家里的几个女人：

二太太李娇儿，小赚一笔，乘乱偷了点钱，又回到妓院，重操旧业去了。三太太孟玉楼、四太太孙雪娥，基本还是原先的老本。最倒霉的，就是潘金莲了。

潘金莲这个最会争的女人，结局却是所获最少！更要命的是，武松坐了几年牢后，刑满释放，就要回来了！

66 悲情潘金莲

潘金莲的霉运，是从西门庆死后开始的。

西门庆生前曾交代过，他的家产将来都是女婿陈敬济的。养儿靠儿，无儿靠婿，女婿陈敬济就是他的亲儿子一般。

所以，这陈敬济与潘金莲的关系，就是女婿与丈母娘的关系。

西门庆一死，当家人便是陈敬济。这潘金莲马上就与陈敬济勾搭上了。既是为了满足生理需要，也是为了维持自己已有的地位，反正潘金莲是主动把陈敬济勾上手了。

但倒霉的事发生了，潘金莲以前也吃过薛尼姑的衣胞药，就是怀不了孕！而一勾上陈敬济，马上就怀孕！终日恹恹思睡，茶饭懒咽，腰肢渐渐宽大，这可把潘金莲急坏了。

潘金莲就把敬济叫到房中说："你休推托，哪里讨一贴坠胎的药来，趁早打了这胎气。不然，弄出个怪物来，我就寻了无常罢了，再休想抬头见人。"

陈敬济就去大街坊胡太医处，买了两贴“红花一扫光”。到晚夕，金莲煎汤吃下，登时满肚里生疼，须臾，坐净桶，把孩子打了下来。

那么，这个打下来的胎儿怎么处理呢？潘金莲只推说是身上来了，令丫鬟将一大堆草纸搅着这胎儿，倒在毛厕里去了。

不巧的是，第二天，一个掏坑的汉子来挑粪时，挑出去一看，发现了一个白胖的孩子儿。常言好事不出门，恶事传千里，不消几日，家中大小都知金莲养女婿，偷出私孩子来了。

正是：

假认做女婿亲厚，往来和丈母歪偷。

人情包藏鬼胡油，他两个现今还有。

吴月娘知道后大怒。

这天饭后，月娘埋伏了丫鬟媳妇七八个女人，各拿短棍棒槌。叫小厮请陈敬济进来，把门关了，教他跪下，问他：“你知罪么？”

那陈敬济也不跪下，把脸儿抬得高高的，佯佯不采。

于是月娘大怒，率领众妇人，七手八脚，将陈敬济按在地下，拿棒槌短棍打了一顿。打的这小伙儿急了，把裤子一脱，露出那条棍来，唬得众妇人不敢看，都丢下棍棒跑了。

敬济心中暗笑道：“若不是我这个法儿，怎得脱身。”于是爬起来，拧着裤子，大摇大摆地走了。之后，自知立脚不定，也不作辞，出了家门，搬到别处住去了。

吴月娘对潘金莲的处置，则更是绝情。

月娘把那个当初为西门庆拉皮条的王婆子找来，叫她把潘金莲领出去卖了。

那王婆子来了，问吴月娘：“这潘金莲，卖多少钱比较合适呢？”

月娘便道：“我男人已经没了，招揽不过这些人来。当初死鬼为她花了多少钱，说不的。老王，一客不烦二主，还是你领她出去，随你聘嫁，多少儿交得来，我替他爹念个经儿，也是一场勾当。”

吴月娘的意思是，这个潘金莲呀，随便你卖几个钱都行，你把她卖了，多少交点来给我，替西门庆念个经也行。（念经的价钱，最多才几千块钱）

总之，什么价都行，只要卖了就好。

这时，不禁回想起前文来，说西门庆对女人怎么怎么坏，稍不如意就拉出去卖了。其实呢，都只是口头上说的，而他的实际行动，却并不如此。

反过来再看吴月娘，都说她端庄贤淑，也只是口头上说的，她等西门庆一死，就把潘金莲卖了，就把家里所有的看得稍不顺眼的女人们，统统地都拉出去卖了。

这王婆子把潘金莲领走了，准备发卖。陈敬济知道后，就马上赶过来，要王婆高抬贵手，把金莲卖给他。

陈敬济拿出两吊钱（2000元），被婆子骂了一顿，婆子张嘴就要一百两银子（100000元人民币），一分钱都不能少。

这陈敬济没办法，只好又加码，用两吊钱和一根金头银脚簪的价格，才购得仅见一面的机会。

两人见面，扯住只顾哭泣。陈敬济对金莲说：我的姐姐，昨日才打听到你在这里……我如今要把他家女儿休了，还要她还我家先前寄放的金银。她若不给我，我上东京告状，那时她双手奉我也迟了。我一顶轿子娶你回去，咱两个永远团圆，做个夫妻，如何？

潘金莲说：“现今王干娘要一百两银子，你有这些银子与她？”

陈敬济就又和王婆子划价，愿出五六十两银子，婆子一分钱也不让。

陈敬济没办法了，只好雇了头牲口，日夜兼程，上东京去找他父亲要钱。说好“多则半月，少则十日就来”。

陈敬济上东京找钱去了。

地方上一个叫张二官的，是新上任的提刑大人（接替西门庆之职），他看中了潘金莲，愿出八十两买下。王婆子仍死不让价。这张二官空跑了三四趟，最后还是嫌一百两太贵了。就不买了。

又一个周守备（地方武职），也想买潘金莲，跑了好几趟，谈到八十两，不行，谈到九十两，还是不行，周守备生气了，也不要了。

一直没卖出去。

这个时候，武松来了："一百两，我买！我还另外再加五两谢你。"

王婆子一看，原来是武松坐牢回来了。哟，是武二哥，你回来了呀，且喜，几时回家来？胡子喳儿也有了，比旧时保养得还好。你买她作甚？

武松说，买潘金莲回去当老婆，要和她"一家一计过日子"。

但王婆并不相信武松有钱。武松就打开皮箱，拿出一百零五两现银子来，白晃晃摆了一桌子，喜欢得婆子屁滚尿流。

这潘金莲在里面听了，原来是小叔子娶她来了，要带她回去过日子，小叔子这几年好像发财了，这下好了，马上就要跳出火坑了。

所以，潘金莲转忧为喜，又复想起昔日旧情来，心下暗道："我这段姻缘，还是落在他手里。"

67《金瓶梅》中的“武松杀嫂”

（友情提示：本篇可能会引起部分读者不适，敬请慎重阅读。）

“武松杀嫂”一节，在《金瓶梅》与《水浒传》中，其实是两个各不相同的版本。《金》的作者似乎格外讨厌武松，把这个人物角色贬损得一塌糊涂。

第八十七回，先写武松发配孟州牢城，替施恩争夺快活林酒店，打了蒋门神一顿。不想蒋门神妹子玉兰，嫁张都监为妾，赚武松去，假捏贼情，将武松拷打，转又发配安平寨充军。

在《水浒》中，因为张都监想在路上结果了武松的性命，所以武松才杀了张都监全家，逻辑上本很清晰。

可在《金瓶梅》中，张都监并没要致武松于死地，也无生死仇恨，只是把武松支走，支到更远的地方“安平寨”去，并且，这安平寨的知寨刘高与施恩的关系也很不错。

然而，武松却毫无理由地“走到飞云浦，杀了两个公人，复回身杀了张都监、蒋门神，全家老小。”

这样一改，就将原先很有道理的被动杀人，改成了不讲道理的主动杀人。改的目的，是为了突出“那汉子杀人不眨眼”，为下文作铺垫。

接着，施恩就“写了一封书，皮箱内封了一百两银子，教武松到安平寨与知寨刘高，教看顾他。”这武松便独自一人去安平寨充军。

不想走到半路上，忽听见太子立东宫，皇上大赦天下，释放所有的犯人，武松就遇赦回家——把给刘高的那一百两银子，也顺便拐走了。

武松回到清河县，“依旧在县当差，还做都头。”

虽然身份和以前一样了，但他还是咬牙切齿，旧恨在心，要杀了潘金莲。所以不惜花重金从王婆子处买回，不惜骗婚，说要娶潘金莲做老婆，要和她过日子。

看官切记话头，这《金瓶梅》中的武松是没有理由杀潘金莲的。因为他并不知道他哥哥是怎么死的，也没一个证人为他作证。

并且杀金莲的手段也很卑鄙——骗婚。

潘金莲要嫁武松了，当然高兴，毫无提防。

这一天结婚的时候，武松在家中收拾停当，买了些酒肉，安排了菜蔬。那王婆子领着潘金莲过来，只见潘金莲身上穿着大喜的红衣服，头上搭着红盖头。

却说当年，武大郎死后，家里还留下他的女儿，名唤迎儿，乃武大郎前妻所生。这迎儿此时已长大十九岁了，武松回来后，就跟着武松。

当时，武松见王婆与潘金莲两个都进来了，就叫迎儿把前门拴了，后门顶了。

顿时，凶相毕露。

武松飕的一声，抽出一把二尺长刀来，睁圆怪眼道：“婆子休得吃惊！自古冤有头，债有主，我哥哥性命都在你身上！你这老猪狗！

若动一动步儿，先吃我五七刀子！”

又回过脸来，看着潘金莲骂道：“你这淫妇听着！我的哥哥怎生谋害了？从实说来，我便饶你。”

那潘金莲道：“好没道理！你哥哥自害心疼病死了，干我甚事？”

武松一脚把桌子踢翻，左手揪住金莲的云髻，右手匹胸提住，隔桌子轻轻提将起来，拖到灵桌子前。

那王婆见势头不好，奔前门而走，被武松大叉步赶上，揪翻在地下，解开她腰间的裤带来，把她四脚捆住，如同猿猴献果一般。那婆子口中只叫：“不干我事。”

武松道：“老猪狗！你赖那个？你叫西门庆那厮发我充军，今日我怎生又回家了！西门庆那厮却在哪里？你不说时，先剐了这淫妇，后杀你这老猪狗！”提起刀来，便望那潘金莲的脸上撇了两撇。

潘金莲慌了：“叔叔且饶，放我起来，等我说便了。”

武松一提，提起那婆娘，剥净了，跪在灵桌子前。那金莲唬得魂不附体，只得从实招说，一五一十，说了一遍。

武松就灵前揪着潘金莲，奠了酒，把纸钱点着，说道：“哥哥，你阴魂不远，今日武松与你报仇雪恨。”

潘金莲见势头不好，刚要大叫，被武松从炉内抓起一把香灰，塞在她口里，就叫不出来了。

武松怕她挣扎，就按在地上，用油靴只顾踢她肋肢，再用两只手摊开她胸脯，把刀子去妇人白馥馥心窝上只一剜，剜了个血窟窿……可怜这妇人，一日无常万事休，亡年三十二岁。

潘金莲是“白虎”，却偏偏遇到了打虎的好汉！“这妇人娇媚不知归何处，芳魂今夜落谁家？”潘金莲就这样死在了自己的婚房里。

最后，武松一刀割下潘金莲的头来，把心肝五脏也生扯了出来，用刀子穿着，插在后楼房檐下。这个，比《水浒传》更血腥多了。

那王婆子便叫起来："杀人了！"武松听见她叫，向前一刀捅死，也割下头来。

如此残忍的一幕，就当着年仅十九岁侄女的面。"迎儿小女在旁看见，唬的只掩了脸。"吓傻了。怎么办呢？武松这个作叔叔的，才不管她的呢，他把迎儿反锁在房里，不放她出去。

武松杀了人后，那时有初更时分，倒扣迎儿在屋里。

迎儿道："叔叔，我害怕！"

武松道："孩儿，我顾不得你了。"

要是没人来救？迎儿还能不能活命？反正他不管了。紧接着，武松跳过墙去，翻进王婆子家来，还要杀她儿子王潮。

那王潮不该死，听见他娘这边叫，就知武松行凶，慌的到街上叫保甲。叫了一大帮人来，大家一看，他是武松，谁敢向前？

这个武松也不怕人多，也不逃跑，而是跳过墙来，寻到王婆子房里，寻什么？寻钱。

书上写道："（武松）一面打开王婆箱笼，把她衣服撇了一地。那一百两银子止交给吴月娘二十两，还剩下八十五两，并些钗环首饰，武松都包裹了。赶五更挨出城门，投十字坡张青夫妇那里躲住，做了头陀，上梁山为盗去了。"

这个武松好猖狂！众目睽睽之下，他还敢翻墙入室，在王婆子房里呆上几个小时，找值钱的东西，从容劫财而去。也没有像水浒里的武松那样去自首，而是自甘堕落，放弃工作，主动当强盗。

所以作者写道：武松这汉子端的好狠也！金莲死的好苦也。

68《金瓶梅》大结局

小说《金瓶梅》乃是借径《水浒传》中的一个章节衍生而来，以“武松打虎”做为开头，绕了很大一圈，讲了一个完全不同于《水浒》的故事，最后又以“武松杀嫂”来结束，再次巧妙的和《水浒传》接上轨。

下面，就把《金瓶梅》中主要人物的下落，为各位读者做个简要的交代：潘金莲死后，陈敬济上东京找银子，卷了家中大笔钱财回来娶金莲，不想金莲、王婆都已死了。这陈敬济就又勾搭上了一个姓冯的妓女，娶回家中，并把他老婆西门大姐（西门庆之女）迫害吊死。

不久，家财被冯妓女拐骗而去，又因西门大姐之死，被吴月娘告上法庭，将钱使得净尽。最终，显贵公子陈敬济沦为一名沿街讨米的乞丐，露宿街头，半文不值。

后来，陈敬济又遇到了春梅。

这春梅本是潘金莲房中的丫头，被吴月娘以37两银子卖给了周守备。憨头憨脑的周守备把春梅当个宝，让她做了守备府的正房大太太，荣归故里旧家时，好不显赫！与西门庆家的衰败景像形成了鲜明对比，也令吴月娘自惭形秽。

西门庆的四太太孙雪娥，因偷了家中财产，跟家奴私奔，被捉住后，卖到周守备府，恰好落到了春梅手里，这春梅痛恨雪娥当年唆使吴月娘卖她，便把雪娥转手卖到了临清酒家为娼。后来自杀身亡。

春梅找到了落魄的陈敬济后，假称他为“表弟”，留在身边暗续旧情，不想却害了敬济性命。终于在一次偷情时，被周守备的亲随张胜撞见，手起刀落，陈敬济光赤条着身子当场毙命，年尚不足27岁。

陈敬济死后，春梅仍贪淫不已，生出“骨蒸痨病症”，断气于19岁的姘夫小周义身上，亡年仅29岁。

西门庆的二太太李娇儿，在西门庆猝死后，第一个盗财而去，重回妓院，重操旧业。此后，由应伯爵做媒，改嫁给另一个富户张二官，张二官接西门庆的班，新任的提刑大人。李娇儿嫁过来，仍做二房娘子。算是结局较好的了。

西门庆的三太太孟玉楼，为人谨慎，性格温和，在家里和吴月娘守寡一年多。一日，清明节上坟，被知县的儿子李拱璧看上，托陶妈妈说媒，嫁过来为继室。算是结局较好的了。

大太太吴月娘，在西门庆眼里是个无趣之人，西门庆死后不久，为他生下一个遗腹子——西门孝哥。月娘在家拘守门户，收拾残局。整日修身信佛，独守空房。时常找几个尼姑来讲经说法。

再后来，金兵进犯中原，吴月娘带领儿子和众男女仆从们逃难，在郊外遇见一禅师，硬把她这独种儿子要去做了徒弟。兵戈退后，吴月娘还家，便将西门庆的亲随玳安改名为西门安，承受了家业，人称西门小员外，养活月娘至70岁善终。

西门庆的旧情人，王六儿，算是最传奇的一个了。

王六儿、韩道国两口子，逃到东京女儿处，一开始过得非常好，女婿是蔡京的大管家。但不久，蔡京就垮台了，女婿也被抓了，王六儿偷的西门庆的两千两银子也被官府抄走，只好又回到了清河县。

原先西门庆给她买的房子商铺，是叫兄弟韩二看守的。可她回来一看，全傻了！这韩二捣鬼太会赌了，把房子全部都卖了，卖的钱又全部输光了，输得连人影都不知道跑哪里去了。

王六儿这下完了，从一个贵妇人突然变得身无分文，连住的地方也没有。真是欲哭无泪呀。

无奈之计，王六儿与老公韩道国商量后，决定去当妓女，以四十岁的高龄去接客。

王六儿虽然年纪大了，但并不显老，风韵之事也够老辣，态度很令人满意。开张没几天，生意就十分兴隆。不料，却被一个强收保护费的恶霸视为眼中钉，两个人还扭打了一架，捣乱她的生意。

再后来，大金国人马攻入山东。王六儿也接不了客了，只好与韩道国逃到浙江避难。没多久韩道国死了，王六儿竟异地奇遇小叔子韩二捣鬼。

最后就和这小叔子结了婚，当起了农妇，在乡间了其余生。

至于西门庆本人的去向，《金瓶梅》中也有交代：

他的魂魄，被发到东京城内，托生富户沈通为次子沈钺去了。

西门庆下辈子还来世上做富人。并且，到东京富户托生，比起他原先“清河县一个殷实人家”，又强哪里去了。

还有其他许许多多死了的人，也都来一一排队，听从分配，至于托生分配到何处，书中俱有交代，那就是：穷人，下辈子还要当穷人；富人，下辈子继续当富人。

附篇：“西门庆”的原型是谁

关于小说《金瓶梅》中西门庆的原型，一般主要有以下三种说法：

1.明武宗

2.严世蕃

3.胡宗宪

一、西门庆的原型：“明武宗”说

《金瓶梅》是对明武宗朱厚照的影射。

第57回，西门庆曾说：“咱只消尽这家私广为善事，就使强奸了嫦娥，和奸了织女，拐了许飞琼，盗了西王母的女儿，也不减我泼天富贵。”

在书中，西门庆写得像个皇帝。

那么，像哪个皇帝呢？应该是历史上以荒淫著称的正德皇帝，明武宗朱厚照。

1505年9月19日，朱厚照登上皇位，成为明代的第１０个皇帝，年号正德，史称正德皇帝。庙号武宗。

正德帝号“大庆法王”——“庆”

其淫乱新宅豹房就在“西华门”——“西门”

豹房——和西门庆的属相(虎)暗合

武宗虽贵为天子，却不拘礼节，喜与臣下混在一起，饮酒作乐，视“君君臣臣”伦常如儿戏。宫中虽有佳丽三千，却偏偏喜欢微服私访，专在民间寻花问柳。

西门庆亦与武宗同样：家里妻妾玩腻了，他要去行院嫖宿；妓女玩腻了，又要去偷情，走街逛巷，不断寻找新的刺激。

武宗崇佛，广置佛寺，招番僧入后宫，淫乱秽恶之事无所不为。因此，在正德朝，佛教盛行，市井巷尾纵谈房闱之事，不以为耻。

《金瓶梅》第49回，西门庆在永福寺见到云游的一个和尚，“生的豹头凹眼，色若紫肝”，“乃西域天竺国密松林齐腰峰寒庭寺下来的胡僧。”

胡僧，番僧一再出现，说明西门庆确是常与这些外国和尚来往，暗合武宗。

“今乃于西华门豹房之地，建护国佛寺，延进番僧。”武宗设佛教为国教，国佛也即武宗之佛。

“西门外宝庆寺”，恰有“西门庆”三字，巧合？

武宗屡将番僧请入后宫，演习房中术！

而西门庆将胡僧引至家中，盛情款待，求取房中之药，以身试用。

正德十六年，武宗纵欲而死，30岁。

西门庆也因纵欲而亡，33岁。

明武宗荒淫的一生，没有留下子嗣，皇位由兴献王之子朱厚熜（即明世宗嘉靖皇帝）继承。

西门庆放荡一世，也没有留下子嗣，剩下的家业由小厮玳安顶替，玳安改名西门安，称为西门小官人。

二、西门庆的原型："严世蕃"说

小说《金瓶梅》中的"西门庆"这个人物，有影射严世蕃的可能。

严世蕃是丞相严嵩的儿子。

严世蕃的小名，叫："庆儿"。

严世蕃号"东楼"，"东楼"化作了"西门"。

严世蕃贪酷成性、生活糜烂却是跟小说里的西门庆非常相似。`

三、西门庆的原型："胡宗宪"说

胡宗宪，27岁中进士，先当山东益都、浙江余姚二县知县，后擢御史。嘉靖三十三年（1554）出按浙江，因平倭有功，旋升右佥都御史，又升兵部右侍郎。三十五年，加为右都御史。三十六年，兼浙江巡抚。三十八年，论平汪直功，加太子太保。同年又晋兵部尚书。三十九年，兼制江西，加少保。（《明史. 胡宗宪传》）

表面上看，西门庆和胡宗宪仿佛风马牛不相及。但小说《金瓶梅》中的许多细节和胡宗宪比较近似，这或许很让人吃惊。

其实，小说《金瓶梅》是一个时代的浓缩，真实地再现了晚明的社会风气。作者也许并没有刻意去隐射谁，因为像"西门庆"的人一定会很多。据说，张居正的死也和西门庆一样，春药过量，纵欲而亡！

附篇：从西门庆猝死看萌芽资本主义夭折

小说《金瓶梅》的写作背景，发生在明朝中叶“萌芽资本主义”这一特定的历史时期。

书中主角西门庆，作为这一特定时期新兴商人的代表，客观地讲，他的确是《金瓶梅》中最会赚钱的一个人。但正当他如日中天的时候，却突然意外地猝死在了女人床上。

西门庆的原有资本并不雄厚，他只是县里一个殷实的人家，父亲是个开生药铺的。但经过西门庆不长时间的经营，资本暴增，经济实力急剧膨胀，从27岁出场，到33岁死亡，只在短短的五六年工夫，就从最初的区区几十万翻到了后来的一亿多！

那么，西门庆是如何发家致富的呢？《金瓶梅》中绘声绘色地讲述了关于西门庆的一些巷陌趣事，发财妙招。巧取豪夺发大财的故事一桩接一桩，令人叹为观止。

从道德的角度来看，西门庆掠夺财富的手段是令人所不齿的。不过，我们应当承认，任何一种原始资本的积累，都是带有“掠夺”性质的。比如西方的“圈地运动”。

西门庆积聚金钱靠“掠夺”，西方圈地运动积累资本也靠“掠夺”。在方式上同样都是“掠夺”，可区别却在于：前者是个体行为，后者是政府行为。

西门庆放官吏债赚钱，娶寡妇富婆赚钱，骗女人钱，敲诈杀人犯诳钱，等等等等，都是靠着他个人的“伎俩”在掠夺资本。

而西方圈地运动，就不再是个人单打独斗了，政府甚至不惜使用行政命令，强行剥夺劳动者的生产资料，还积极鼓励对外殖民扩张，抢夺财富，积聚大量血腥的资本。

前者受政府抑制，后者受政府支持。

为什么会有这么大的差别呢？究其根源，还是因为两者的政治体制不同，当政者的阶层结构不同。

后者有代议机构——议会。这些机构本身就是资产阶级利益的代言人，可以有效地保护既得者的财产利益和政治权益。而这样的机构在“普天之下，莫非王土；率土之滨，莫非王臣”的古代封建专制中国则是不可能的。

再者，西欧各国都保护自己的人民向海外拓展市场，支持国民到海外冒险，或经商，或贸易，或建立殖民地，或掠夺财富。并且都积极地保护本国侨民。

中国明清以来，到海外谋生的人也不在少数，可他们却得不到本国政府的保护。不仅不保护，还遭到政府的限制，甚至是打击。因为他们早被看作是叛民、天朝弃民。

终于有一天，到海外拓张的华人“个体殖民者”，被后来同样到海外拓张的洋人“政府殖民军”消灭了。

没有政府的支持又怎么能完成资本的原始积累？

所以，在古代大中华帝国专制环境下萌芽的资本主义，夭折就是迟早的，似乎也是必然的。

那么，这与西门庆突然猝死在女人床上又有什么关系呢？猝死，看起来似乎只是个偶然事件。但任何偶然之外，都在必然之中。

当资本完成原始积累之后，有钱人要用绝大部分钱扩大再生产，使财富继续增值，再创造出更大的社会效益，才能使之形成良性循环。

世界各国都有暴发户，暴发户富了还想更富，本身想法并没错。但封建中国的暴发户，却很难再把经商作为自己的终生职业。

因为在封建中国社会，经商是很低贱很下作的职业。商人们稍一有钱，便要使自己快快摆脱这种卑微的格局。（而不是去将其行业壮大）再者，有钱的暴发户，并没有政治上的代言人，其经济权益也必然会朝不保夕。

所以，当钱多了时，先置点田地房产后，就必然要去购买官职，购买政治地位，先保住了自己已有的财富才能再说，而不可能不顾风险地去搞什么扩大再生产。

如果还有多的钱，会建祠堂，修寺庙，办义学，捐善款，做一些公众心目中比较认同的善事。

如果钱还花不完，就会娶小老婆，找情人，嫖娼，快活享受一番。

如此说来，中国的暴发户有钱人，多数都会变成“西门庆”了。

中国有钱人也就只会走“西门庆模式”：赚钱—进贡—赚钱—享受。他们的钱并不能不断地扩大再生产，很难使之产生良性的社会效益。

从西门庆每天的日常生活细节来看，虽然烦琐，其实只两件事：

应酬喝酒；玩女人。白天从上面灌水，晚上从下面放水。就没其他的事干了，还有什么呢？

因此，西门庆如果不是累死在女人床上，也极有可能醉死在酒桌上。（换成今天，也说不定死在了麻将场上）这就是偶然中的必然了。

所以作者不写西门庆受政治上的打击而死，也不写他因经济上的破产而死，更不写他被武松复仇而死。偏偏要写他是在事业的最鼎盛时期，乐极生悲，于女人床上欢乐死！

这种看似“偶然”性的结局，所揭露出的深层社会问题，比起《红楼梦》中大家族遭遇政治风险“必然”式的垮台，不知道又要尖锐了多少倍！

后记

《金瓶梅》是一部关于“社会科学”的百科全书，是一部“长见识”的奇书。

作者似乎已臻大彻大悟之境界，以超写实的手法，直接进入人性中最深不可测的部分，揭示人心和社会的复杂性。有时甚至会因太过真切与深刻，而令许多纯一浪漫的读者难以卒读。

所以，读者必须要有成熟的大脑，要有健全的精神，才能正确欣赏、理解《金瓶梅》。

《金瓶梅》中所塑造的生旦净末丑各色人等，并无严格意义上的好人，也无纯粹绝对的坏人。这些人物角色，并不需要读者用习惯了的是非分明的价值观去评判，而是需要一种有包容力的“理解”。

理解万岁。

只有理解，然后方能生怜悯心。所以古人说得好："读此书而生怜悯心者，菩萨也；读此书而生效法心者，禽兽也。"

读者若能给予宽容的人性，以怜悯之心去"理解"他们的是非事，"理解"他们的荒唐事，"理解"他们的猥琐事，抱以轻松的心态去品读《金瓶梅》，自然也就会明确自己的取舍方向，增强自己的辨别能力，提升自己的是非观念。

果如此，见识必长，于人于己，善莫大焉。

该书在整理过程中，一直得到各位网友和出版社编辑的无私指点，特此表示衷心的感谢！

吴闲云

2014年3月